# O PODER
# DA PALAVRA
# DOS PAIS

ELIZABETH PIMENTEL

# O PODER DA PALAVRA DOS PAIS

**COMUNICAÇÃO** CONSCIENTE PARA CRIAR LAÇOS E **EDUCAR COM AMOR**

Thomas Nelson
BRASIL

Copyright ©2023, de Elizabeth Pimentel.
Todos os direitos reservados.

Copyright da tradução ©2022, de Vida Melhor Editora LTDA.
Todos os direitos desta publicação são reservados por Vida Melhor Editora LTDA.

Os pontos de vista desta obra são de responsabilidade de seus autores e colaboradores diretos, não refletindo necessariamente a posição da Thomas Nelson Brasil, da HarperCollins Christian Publishing ou de sua equipe editorial.

| | |
|---:|:---|
| Publisher | *Samuel Coto* |
| Editora | *Brunna Prado* |
| Assistente editorial | *Camila Reis* |
| Estagiária editorial | *Brunna Cavalieri* |
| Preparação | *Leonardo Dantas do Carmo* |
| Revisão | *Dayane Andrade* e *Jaqueline Oliveira* |
| Diagramação | *Sonia Peticov* |
| Capa | *Rafael Brum* |

**Dados Internacionais de Catalogação na Publicação (CIP)**
**(BENITEZ Catalogação Ass. Editorial, MS, Brasil)**

---

P845   Pimentel, Elizabeth

1.ed.   O poder da palavra dos pais / Elizabeth Pimentel. – 1. ed. – Rio de Janeiro: Thomas Nelson Brasil, 2023.
192 p.; 13,5 × 20,8 cm.

Bibliografia
ISBN 978-65-5689-683-0

1. Escrituras cristãs. 2. Famílias – Aspectos religiosos. 3. Filhos – Criação. 4. Filhos – Vida religiosa. 6. Orientação – Aspectos religiosos. I. Título.

05-2023/26                                                                                      CDD: 261.83585

---

**Índice para catálogo sistemático**

1. Famílias: Aspectos religiosos: Cristianismo   261.83585

**Bibliotecária responsável: Aline Graziele Benitez CRB-1/3129**

Thomas Nelson Brasil é uma marca licenciada à Vida Melhor Editora LTDA.
Todos os direitos reservados à Vida Melhor Editora LTDA.
Rua da Quitanda, 86, sala 218 — Centro
Rio de Janeiro — RJ — CEP 20091-005
Tel.: (21) 3175-1030
www.thomasnelson.com.br

# DEDICATÓRIA

Dedico este trabalho a todas as mães e a todos os pais que têm buscado merecer a confiança neles depositada por Deus, para cuidar de seus filhos, procurando da melhor forma possível exercer essa nobre tarefa de cuidar, acompanhar e orientar, oferecendo os instrumentos necessários para que eles multipliquem seus talentos e encontrem o caminho preparado por Ele para cada um.

# SUMÁRIO

Introdução — 9

**PRIMEIRA** PARTE
1. Sentimento de culpa — 15
2. O poder da palavra — 21
3. As marcas das palavras — 24
4. O que profetizamos — 28
5. Movidos pela raiva — 32
6. O que as crianças dizem quando estão com raiva? — 41
7. O ponto fraco dos pais — 45
8. O autoritarismo desperta a ira — 50
9. Escolhas — 52
10. Quando não há escolhas — 59
11. O silêncio também fere — 65
12. O silêncio pode guardar muitas mágoas — 68
13. Quando não sabemos o que dizer — 71

**SEGUNDA** PARTE
14. Dificuldade em lidar com os sentimentos — 77
15. Choro e confusões — 81

16. Brigas e gritos — 84
17. Valorizando os sentimentos — 87
18. Respeitando a individualidade — 91
19. Nossa preocupação é mais com o comportamento do que com os sentimentos — 96
20. A consciência do erro — 100
21. O que os outros vão pensar? — 106
22. O exemplo fala mais alto — 108
23. Autoestima — 111
24. Reconhecendo o lado bom — 117
25. Críticas e correções — 121
26. O elogio tem de ser verdadeiro — 128
27. Reconhecer qualidades — 135
28. Não conte suas bênçãos para qualquer pessoa — 142
29. Estar atento às conquistas — 145

## **TERCEIRA** PARTE

30. Valorizando a vida hoje — 151
31. A vida está acontecendo agora — 156
32. A ansiedade rouba o presente dos nossos filhos — 159
33. Perdendo a liberdade — 164
34. Não há tempo para o afeto — 166
35. Jesus pode salvar seu filho — 178
36. Ore pelo seu filho — 181
37. O amor é uma necessidade básica para a vida — 185

Referências bibliográficas — 189
Agradecimentos — 191

# INTRODUÇÃO

Nossos filhos, antes de serem nossos, são filhos de Deus. São vidas que nos foram confiadas por Ele. Salmos 127:3 afirma: "Os filhos são um presente do Senhor, uma recompensa que ele dá." Os filhos são projetos de Deus que dependem, não apenas, mas principalmente, de nossos cuidados para serem realizados, conforme o Seu propósito.

Ser pai e mãe é uma nobre e, sem dúvida, difícil missão. O rumo que um ser humano tomará na vida, seus valores, seus sentimentos, suas escolhas, vão ser fortemente influenciados pelas experiências vividas principalmente com seus pais, ou com aqueles que estão em seu lugar.

É claro que, à medida que um ser humano cresce, ele recebe muitas informações e influências, da escola, dos amigos, da sociedade, além das que ele já tem em si próprio, como herança. Contudo, com certeza, o que ele recebe dos pais tem uma força extraordinária.

O que os pais normais costumam desejar para seus filhos é o melhor. Querem vê-los no caminho certo, realizados, felizes e prósperos. Contudo, não depende apenas do desejo, da boa vontade e da melhor das intenções para assegurar todas essas conquistas. Há muito mais a ser feito, o que muitas vezes foge à nossa percepção no dia a dia. Inconscientemente, fazemos e dizemos coisas que prejudicam, que ferem a autoimagem, a autoestima, dificultando aos nossos filhos a conquista do que, conscientemente, desejamos para eles.

É sobre o prejuízo que causamos, sem querer, e sobre o que podemos fazer para sanar ou minorar esse estrago que pretendo tratar neste trabalho. Não tenho a pretensão de esgotar o assunto, nem de oferecer fórmulas mágicas de como educar melhor. No entanto, espero poder, por intermédio do que tenho vivido e aprendido como profissional e mãe, e por meio da Palavra de Deus, trazer alguma contribuição no sentido de ajudar os pais, objetivando um convívio harmonioso e feliz com seus filhos.

Em uma das palestras que fiz em uma igreja, uma ouvinte me disse que gostaria de perguntar algumas coisas, mas tinha vergonha, porque teria de expor seus erros para mim, que parecia saber tudo sobre a maneira certa de agir com os filhos. Ela queria minha ajuda, mas não sabia o que eu poderia pensar sobre ela, depois que me falasse sobre seus erros.

Na verdade, quando ouvimos ou lemos o que uma pessoa diz sobre determinado assunto, pensamos estar diante de alguém perfeito, sem falhas, pelo menos no que se refere à sua especialidade. Contudo, isso não é verdade. Somos todos aprendizes.

Agradeço a Deus por ter me chamado para falar e escrever para pais. Isso me fez pensar, estudar e observar certas coisas com mais atenção e cuidado. Fez-me aprender e melhorar

## INTRODUÇÃO

como mãe. Eu não sei o que teria sido dos meus filhos se não fosse essa oportunidade. No entanto, todos temos muito que crescer e aprender. E mesmo aquele que sabe alguma coisa, se não orar e vigiar todo o tempo, corre o risco de vacilar e errar mesmo depois de aprender.

"Portanto, se vocês pensam que estão de pé, cuidem para que não caiam" (1Coríntios 10:12). Portanto, caro leitor, este livro é tanto para mim quanto para você.

# PRIMEIRA PARTE

# 1 SENTIMENTO DE CULPA

Antes de iniciar o assunto a que me propus tratar, gostaria de dizer um pouco sobre um sentimento que acompanha o ser humano desde que Adão e Eva cometeram o pecado da desobediência: o sentimento de culpa. Antes do pecado, não havia culpa, e Adão e Eva viviam de forma simples e natural.

> O homem e a mulher estavam nus, mas não sentiam vergonha. (**GÊNESIS 2:25**)

Depois que desobedeceram a uma ordem de Deus, comendo do fruto proibido, sentiram-se envergonhados, percebendo a própria nudez.

Quando nos sentimos culpados, é como se nosso erro estivesse estampado em nossa face, declarado de forma visível a todos. Nós nos sentimos como se estivéssemos despidos e expostos. Procuramos esconder, mas nosso comportamento nos denuncia, ele nos trai, devido ao incômodo que a culpa nos causa.

O sentimento de culpa nos leva à necessidade não só de escondermos o que fizemos, mas também de repararmos o erro, de expiarmos a culpa. De fazer algo para aliviar o peso desse sentimento.

Adão e Eva, ao tomarem consciência de sua nudez, procuraram encobri-la com aventais que fizeram de folhas de figueira. Ao ouvir a voz de Deus, envergonhados, esconderam-se atrás das árvores do jardim. Contudo, tiveram de encarar Deus, colocar-se diante Dele. Depois de saber quais seriam as consequências de seus atos, vestiram-se com túnicas de peles de animais, feitas por Deus. Para isso se realizou o primeiro sacrifício da História.

A culpa traz a necessidade de uma oferta de renúncia. Isso faz parte da vida do homem, desde o começo da História. O Antigo Testamento mostra que animais eram sacrificados para expiar o erro e a culpa do povo.

> Como oferta pela culpa, trará ao sacerdote um carneiro sem defeito do próprio rebanho, devidamente avaliado. Desse modo, o sacerdote fará expiação pelo pecado [...]
> **(LEVÍTICO 5:18)**

Em algumas culturas, jovens mulheres são oferecidas a deuses pagãos. Em certas seitas, as pessoas ferem o próprio corpo, se autoflagelam, com a intenção de se redimirem de suas faltas. E assim como era exigido o que havia de melhor para o sacrifício, a culpa também pode destruir o que há de melhor em nós.

Contudo, Jesus veio ao mundo e invalidou toda essa prática. Dispensou os holocaustos, os rituais, entregando a Si mesmo para o pagamento de todas as dívidas da humanidade. E mostrou algo novo: "Quero que demonstrem misericórdia, e não que ofereçam sacrifícios" (Mateus 9:13). Ele nos ensinou um caminho novo, da consciência, do arrependimento e da confissão dos nossos erros, colocando-se como nosso advogado diante de Deus.

Quando Jesus nos diz para confessarmos nossos pecados, Ele está nos mostrando a importância da consciência e do arrependimento. Para confessar os pecados, antes de qualquer coisa, é preciso reconhecê-los, percebê-los como erro. O sacrifício sem arrependimento é inútil. A mudança vem com a lucidez e a responsabilidade por nossas próprias ações. Entretanto, muitas pessoas evitam a consciência do erro porque se sentem deprimidas, paralisadas por ele. Então, se martirizam e se autoacusam, deixando-se afundar pelo sentimento de culpa, correndo o risco de cometer erros maiores ainda.

Quando um pai e/ou uma mãe se conscientizam, por exemplo, que não dão a atenção necessária aos seus filhos, quando reconhecem que ficam muito tempo fora de casa, deixando de acompanhá-los de perto como deveriam, sentem-se culpados e, por isso, acabam fazendo o que não podem para procurar compensar essa falta. Dão tudo o que o filho pede, deixam de impor limites quando é preciso, evitam corrigi-los. E tudo isso acaba levando a outros prejuízos.

Adão, quando foi confrontado por Deus para se explicar sobre seu erro, tentou fugir da responsabilidade, jogando a culpa em Eva. Esta, por sua vez, procurou transferir a culpa para a serpente, que não teve mais a quem culpar. Contudo, para nos mostrar que cada um tem de assumir a responsabilidade por seus atos, Deus permitiu que os três sofressem as consequências de seus erros.

A tentativa de fugir da culpa e a dificuldade de mudança também levam a negar o erro, a evitar a consciência de algumas ações, preferindo ignorá-las, ou esconder-se atrás de justificativas.

Alguns pais se recusam a avaliar seu comportamento, por exemplo, dizendo: "Eu sou assim mesmo, sempre fui e não vou mudar; quem quiser, que me aceite do jeito que sou." Outros dizem: "Que nada, meus filhos não têm do que reclamar. Na minha época as coisas eram muito piores e eu não morri por causa disto."

Defender-se da culpa não resolve o problema. Enfrentá-la dói, mas é a única forma de produzir mudanças. Não é a consciência do erro que causa problemas, mas o próprio erro. Fingir que ele não existe não o faz desaparecer. Por isso, o melhor que podemos fazer não é encobrir ou fugir da culpa, mas encará-la, para que seja possível fazer dela um trampolim para atitudes melhores, para crescimento, por meio da consciência.

Uma das armadilhas do diabo para nos derrubar é a acusação. Ele utiliza os nossos erros para nos importunar, nos perturbar, nos jogar para baixo. Sua intenção é nos arruinar. Quando alguém cai nessa armadilha, fica tão vulnerável que acaba por aceitar a culpa até do que não fez.

Jesus passou pelos piores sofrimentos para tirar o peso dos pecados dos nossos ombros. Ele está à nossa disposição, disposto a defender todas as nossas causas, gratuitamente. Contudo, para que Ele nos defenda, é preciso que deixemos bem claro para Ele tudo o que nos incomoda. É necessário esclarecer detalhadamente tudo o que fizemos. Nossa consciência e arrependimento, como também a fé em sua defesa e a disposição para mudar, nos ajudam a modificar a situação. Apesar de não podermos apagar o que já foi feito, fingir que jamais cometemos determinados erros, ou evitar suas consequências, não é a solução. Jesus pode tirar do nosso coração o peso da culpa, curar as feridas, mas as cicatrizes são permanentes.

Lembro-me de ter ouvido, certa vez, numa pregação, a respeito de um homem que se arrependera muito de um erro cometido. Ele contou para algumas pessoas um segredo que um amigo lhe confiara e isso prejudicou bastante o seu amigo. Em busca de perdão e de uma forma de corrigir o que fizera, ele procurou seu pastor e contou tudo que fez. Este, então, o mandou arrumar um travesseiro de penas, levá-lo para um lugar alto e, quando estivesse ventando bastante, rasgar o travesseiro e deixar que as penas voassem.

Achando muito fácil a solução, ele saiu e fez exatamente o que lhe foi recomendado. No dia seguinte, voltou até o pastor e disse que tinha feito tudo certo. Contudo, o pastor lhe disse que não era só isso e que agora ele teria de refazer aquele travesseiro, juntando todas as penas que o vento levara. O homem, então, disse, decepcionado, que isso era impossível, porque as penas se espalharam por toda parte, não tinha meio de encontrá-las novamente. O pastor respondeu-lhe que ele poderia ser perdoado, mas, assim como não poderia trazer de volta as penas, também não poderia fazer voltar as palavras que já dissera.

Nós podemos nos arrepender e nos modificar, mas não apagar as consequências de nossos atos. Quando se trata de feridas da alma, não há cirurgia plástica capaz de removê--las. No decorrer deste livro, vamos tratar de vários erros que cometemos em relação aos nossos filhos. De como, sem perceber, nós lhes causamos dor e prejuízos. Podemos descobrir o quanto já falhamos e os prejudicamos com nossas atitudes e palavras. É normal que a consciência desses erros gere sentimento de culpa. Se isso acontecer, significa que temos sensibilidade, que conseguimos sentir a dor do outro, que nos importamos com nossos filhos e não gostaríamos de ter errado.

Por isso, não se penitencie, nem se deixe amargurar pelos erros já cometidos. A partir da consciência deles, é possível ser um pai ou uma mãe melhor. Se os filhos já perderam muito com nossas falhas, eles podem ganhar muito mais com nossa mudança, daqui para a frente. O objetivo aqui não é acusar, nem gerar sentimento de culpa, mas proporcionar uma oportunidade para refletirmos e agirmos melhor. Muitas coisas que fazemos são por ignorância, ou seja, por falta de conhecimento.

# 2 O PODER DA PALAVRA

Palavras bondosas são como mel: doces para a alma e saudáveis para o corpo. (**Provérbios 16:24**)

As palavras têm poder, têm força. Deus criou todas as coisas mediante Sua palavra. "Então Deus disse: 'Haja luz', e houve luz" (Gênesis 1:3). Jesus curou, muitas vezes, apenas com uma ordem: "Sê curado."

A palavra edifica, renova os ânimos, traz alívio e consolo. Muitas vezes, estamos desanimados e abatidos, mas uma palavra certa que lemos ou ouvimos pode mudar nosso humor completamente. Com o extraordinário poder de sustentar, elevar a autoestima e o amor-próprio de uma pessoa, a palavra pode revelar o que há de mais profundo na alma de alguém. Isaías disse:

O Senhor Soberano me deu palavras de sabedoria, para que eu saiba consolar os cansados. [...] (**Isaías 50:4**)

Algumas formas de expressão, como a música e a pintura, sempre me encantaram. No entanto, pela palavra tenho uma admiração especial. Na minha adolescência, sempre que um sentimento forte tomava conta de mim, sentia necessidade de escrever. Escrevi várias poesias. Naqueles momentos, apenas deixava livre minha mão e minhas emoções, me surpreendendo com as palavras surgindo de forma espontânea e natural, como águas brotando das nascentes. Depois, lia e me encantava novamente de ver como elas revelavam, de forma tão clara, os sentimentos que dentro de mim eram confusos.

A poesia passou a ser o espelho da minha alma. Eu as relia sempre, para me conhecer melhor. O tempo passou, e deixei de escrever. Formei-me em psicologia e só muito tempo depois foi que me dei conta de que a palavra não deixara de ter um lugar especial na minha vida: afinal, eu escolhera uma profissão em que ela é o principal instrumento.

O poder da palavra me surpreendia, cada dia mais, ao ver, no meu trabalho, como as pessoas podiam mudar tanto e como a alma podia ser tocada e curada por intermédio da palavra. Todavia, foi a partir de 1991 que pude compreender que essa força ia muito além do que eu supunha. Foi só quando conheci a *Palavra de Deus*, cujo poder não tem limites, que a minha vida mudou. A Palavra de Deus é:

> [...] viva e poderosa. É mais cortante que qualquer espada de dois gumes, penetrando entre a alma e o espírito, entre a junta e a medula, e trazendo à luz até os pensamentos e desejos mais íntimos. (**HEBREUS 4:12**)

Essa palavra vivifica, transforma, renova e alimenta. E, contando com a orientação dela, nós vamos falar sobre a força da palavra dos homens, principalmente como pais, e de seus efeitos, bons e maus, na vida de seus filhos.

#  3 AS MARCAS DAS PALAVRAS

Amamos nossos filhos, queremos o melhor para eles, mas, às vezes, agimos como se o amor encobrisse o peso das nossas palavras e ações. Não temos consciência do quanto os atingimos com o que fazemos e dizemos.

A palavra é um instrumento, e como tal, pode ser usada tanto para o bem como para o mal. Ela também tem o poder de destruir, arruinar, deprimir, de causar todo tipo de dor à alma de alguém, podendo deixar profundas marcas.

> Eu lhes digo: no dia do juízo, vocês prestarão contas de toda palavra inútil que falarem. Por suas palavras vocês serão absolvidos, e por elas serão condenados.
> **(MATEUS 12:36-37)**

Jesus nos chama a atenção para termos cuidado com cada palavra que sair de nossa boca, porque Ele sabe a força que ela tem. Já ouvi muitas histórias envolvendo o misterioso poder das palavras. Uma delas foi a respeito de um rapaz que viveu há alguns anos numa pequena cidade do interior. Ele possuía no braço direito, na região do cotovelo, uma estranha mancha, como se fosse o pelo de um animal no lugar de pele. Isso o deixava muito constrangido, e, para dificultar sua situação, ele tinha um vizinho que, sempre que o via, não perdia a oportunidade de humilhá-lo, de zombar dele por causa daquele sinal. Depois de algum tempo suportando calado as humilhações, esse rapaz reagiu e, cheio de ódio, disse ao homem: "Cuidado, porque de onde veio esta marca, tem outra para você."

Depois de algum tempo, esse homem, que o importunava, teve uma filha e, para seu grande espanto, ela nasceu com uma marca idêntica, localizada exatamente na mesma posição que a do rapaz.

O poder da palavra é realçado em várias passagens por toda a Bíblia. Em uma delas, Jesus mostra isso com muita ênfase. Quando seguia em direção a Jerusalém com Seus discípulos, Ele passou por uma figueira que não tinha frutos e a amaldiçoou dizendo: "Nunca mais dê frutos!" (Mateus 21:19). Na volta da viagem, ao passar pelo mesmo lugar, Pedro observou que a figueira estava completamente seca e entendeu que foi em consequência da palavra proferida por Jesus.

Pedro sabia que não era tempo de dar fruto, portanto, compreendemos que não havia intenção simplesmente de castigar a figueira e sim demonstrar a força e o poder que há no que se diz.

Além da força que a palavra traz em si, sua influência pode ser muito mais devastadora, dependendo de quem a profere e do significado que a pessoa que a proferiu tem para nós. Uma criança, por exemplo, pode ficar muito ferida com o que diz um colega, ou até um desconhecido. Contudo, quando certas coisas são ditas pelos pais ou por pessoas muito importantes para elas, a força é extremamente maior, o significado é muito mais forte e deixa raízes muito mais profundas.

Há pouco tempo, atendi a uma mulher de 48 anos que tinha muitas barreiras em sua vida, geradas pelo turbulento relacionamento com sua mãe. Ela contou as várias vezes que sua mãe lhe bateu, e a mágoa que isso lhe deixou. Contudo, nada a feriu tanto quanto as palavras que sua mãe lhe dizia. Entre outras coisas, ela repetia, a cada briga, que a filha da vizinha era ótima, a da fulana era excelente, mas que a dela era a pior pessoa do mundo. E falava exatamente com estas palavras: "Você é a pior pessoa do mundo, eu não conheço criança nenhuma tão ruim quanto você."

Palavras duras despertam raiva, levando a atitudes de rebeldia: "[...] a palavra ríspida desperta a ira" (Provérbios 15:1). Essa moça, quando era pequena, dizia a si mesma que um dia ainda faria algo de muito ruim para mostrar a sua mãe o que é realmente ser uma pessoa má. E, muitas vezes, movida pela revolta, agiu com extrema agressividade. Como não conseguia atingir a mãe diretamente, feria a si mesma. Chegou até mesmo a pensar em se matar, com a intenção de vingar-se de sua mãe.

As pessoas são criticadas por suas atitudes, mas ninguém sabe das mágoas que motivam essas ações. Certas palavras ditas pelos pais deixam feridas abertas por longos anos, às vezes para sempre, levando os filhos a agirem de forma a serem julgados mal por todos. Uma jovem, na adolescência, foi vista pela mãe com um namorado, e ouviu palavras muito fortes que a machucaram profundamente. Sua mágoa foi tão grande que ela disse a si mesma que seria exatamente aquele tipo de filha que sua mãe pensava que ela fosse, e suas atitudes, a partir daí, passaram a ter o propósito de ferir quem a ferira.

É preciso ter ponderação, saber a melhor maneira de falar e dosar as palavras em cada situação. Quem se descontrola verbalmente, com o tempo, pode perder o respeito dos filhos. É preciso ter consciência de que não podemos agir impulsivamente. Não podemos nos esquecer de que ferimos, com atitudes e com palavras, de modo marcante.

É importante ter em mente que é possível ensinar qualquer coisa aos filhos com diálogo, carinho e compreensão.

# 4 O QUE PROFETIZAMOS

A chuva e a neve descem dos céus e na terra permanecem até regá-la. Fazem brotar os cereais e produzem sementes para o agricultor e pão para os famintos. O mesmo acontece à minha palavra: eu a envio, e ela sempre produz frutos. (Isaías 55:10-11)

Isaías se refere a uma boa palavra, a Palavra de Deus, que Ele semeia com um propósito muito nobre e tem a certeza de que ela dará frutos. Contudo, infelizmente, não é apenas a boa palavra que prospera. A palavra negativa também gera seus frutos. É preciso ter cuidado com o que se diz, porque as palavras podem não voltar vazias, mas produzir literalmente o resultado a que se propuseram.

Por receio de que os filhos venham a se comportar de maneira indesejada, pode-se dizer coisas que acabam por contribuir para que aconteça exatamente tal comportamento.

Não é raro encontrarmos casos de mulheres com relações não saudáveis com sua sexualidade, ou que até mesmo tornaram-se prostitutas, e que, na adolescência, foram chamadas de vadias, de sem-vergonha, pela própria mãe.

Podemos chamar isso de profecias que se autocumprem. São coisas que acabam acontecendo pelo fato de terem sido ditas. Ao conversar sobre isso com uma amiga, ela me disse que, quando era criança, sua mãe vivia lhe dizendo que ela era rebelde, agressiva e teimosa. Isso a deixava com tanta raiva que a cada dia ela ficava pior, mais agressiva e teimosa. Até que sua mãe percebeu o que estava acontecendo e passou a agir de modo diferente. Passou a realçar as suas qualidades, elogiando, demonstrando que a via de uma forma positiva. Daí em diante, seus sentimentos começaram a se modificar e, por conseguinte, suas ações também.

O comportamento da criança é fortemente influenciado pelo que os adultos, principalmente seus pais, esperam dela, pelo conceito que eles têm a seu respeito. Quando se diz a uma criança, desde pequena, que ela é rebelde, estúpida, desastrada, ou outro rótulo, cria-se um cerco em volta dela de forma que fica difícil ultrapassá-lo. Ela acredita que é assim e não consegue agir de modo diferente.

As expectativas, sejam elas positivas ou negativas, têm muita influência sobre a vida de qualquer pessoa. Isso está claramente demonstrado em uma das experiências realizadas pelo psicólogo Robert Rosenthal, de Harvard. Em uma escola de 650 alunos e 18 professores, antes do começo do ano letivo, os professores receberam uma relação de nomes de alunos, equivalente a 20% do total deles. Foi-lhes informado que, de acordo com o resultado do teste de inteligência, previamente feito, poderia esperar-se daqueles alunos um desempenho muito bom, acima da média. Que eles eram alunos especiais. Na realidade, aqueles nomes foram escolhidos aleatoriamente. O que se pretendia, na verdade, era que os professores acreditassem que aqueles alunos fossem mais capazes, gerando com isso uma expectativa positiva em relação a eles.

Ao término do ano letivo, foram feitos novamente os testes de inteligência, dessa vez levando em conta os resultados reais. E estes demonstraram que aqueles alunos, que os professores acreditaram ser os mais capacitados, realmente apresentaram um resultado de QI acima da média, além de terem sido apontados como melhores também em relação ao comportamento e interesse.

O resultado desse experimento mostra como as pessoas realmente reagem às expectativas. Pela maneira com que se trata uma criança, ela percebe o que esperam dela e responde a isso de modo coerente com aquelas expectativas. Se o professor acredita no aluno, este acredita mais em si mesmo. O mesmo acontece com os pais.

Muitas crianças são percebidas na sala de aula, por professores e colegas, como incapazes, estigmatizadas como crianças-problema. Esse estigma geralmente permanece, levando-as a se acomodar e a agir de acordo com ele.

Esses conceitos, muitas vezes, têm a força de uma profecia. Um dos professores de uma academia de ginástica certa vez ligou para os pais de um aluno, de 10 anos de idade, e pediu que eles fossem buscar o filho. Os pais não entenderam muito bem, pois o menino estava acostumado a voltar sozinho para casa. Ao chegar à academia, sentiram-se muito envergonhados porque o professor lhes disse que não mais aceitaria seu filho devido a ele ser uma criança muito agressiva.

O QUE PROFETIZAMOS

Com muita raiva, a mãe disse ao filho: "Hoje eu estou vindo tirá-lo de uma aula, mas, pelo jeito, daqui a alguns anos, terei de tirar você de uma delegacia."

E, assim, bênção e maldição saem da mesma boca. Meus irmãos, isso não está certo! (**Tiago 3:10**)

Queremos o melhor para as crianças, por isso temos que profetizar bênçãos, não maldições.

# 5 MOVIDOS PELA RAIVA

Não se ire facilmente [...]. (ECLESIASTES 7:9)

Movidos pela raiva e pelo descontrole emocional, os pais dizem coisas que são como punhal na alma dos filhos. Isso acaba passando despercebido, pois o ferimento não é tão visível. Ele pode aparecer muito tempo depois, por meio de sintomas, aparentemente sem causas. Comportamentos agressivos, por exemplo, podem surgir como consequência de situações bem anteriores.

Nossa raiva pode passar, mas algumas coisas que falamos permanecem. Certa vez, na véspera de uma prova, meu filho me disse que não poderia estudar porque não sabia qual era a matéria marcada. Como eu já estava tendo dificuldades com ele na escola naquele ano, sua resposta bastou para despertar minha raiva. O discurso, que geralmente fazemos nessa hora, já estava pronto, na ponta da língua: "Como é que pode uma coisa desta? Você não faz nada na vida a não ser estudar. Este é seu único compromisso e você não se responsabiliza por ele?"

Todavia, usando de muito controle, consegui ficar calada. Sabia que, se começasse a falar, não pararia tão cedo. Pretendia falar do assunto depois que estivesse mais calma. Só lhe disse para pegar a matéria com algum de seus colegas. Contudo, as coisas se complicaram quando ele me respondeu: "Ah, mãe, pede você o conteúdo que perdi."

Então perdi o controle, fiquei irritada com seu descaso com o estudo e como já estava cansada por outros motivos, respondi-lhe: "Se vire, seus problemas são seus, não meus." Foram poucas palavras, porém carregadas de raiva.

Contudo, como diz a Palavra de Deus: "Vejam como uma simples fagulha é capaz de incendiar uma grande floresta" (Tiago 3:5). Pelo que eu sentia, essas poucas palavras foram mais pesadas que um grande discurso. Meu filho resolveu a situação, sem me dizer coisa alguma. Passaram-se mais ou menos três meses. Certo dia, observei que ele chegou em casa chateado, meio triste. Aproximei-me e lhe perguntei o que estava acontecendo e ele me respondeu que não era nada. Percebi que ele não se abriria comigo, então lhe disse que ele tinha todo o direito de não me dizer nada, se não quisesse, mas que eu gostaria que ele soubesse que poderia contar comigo para qualquer situação, inclusive se estivesse com algum problema.

Quando terminei, ele me falou: "Mãe, você me disse que eu tinha de me virar com meus problemas sozinho, porque eles são meus, não seus."

Suas palavras foram ditas impregnadas de ressentimentos. Percebi que o que havia falado lhe causara um efeito muito mais forte do que eu poderia imaginar. Os sentimentos podem dar muita força ao que é verbalizado. Podem dar às palavras um sentido muito além do que imaginamos ser possível.

Naquele momento, agradeci a Deus por aquela mágoa ter vindo à tona, pois tive a chance de lhe explicar que não foi isso que eu pretendia dizer. Que, apesar da forma rude, o que eu queria, na verdade, é que ele se responsabilizasse com seus estudos porque isso era bom para ele. Que ele mesmo, com o tempo, não se sentiria bem de ficar dependente de mim para tudo. Queria ajudá-lo a ser autossuficiente, porém, falei com raiva e usei palavras duras, que o magoaram. Tive a oportunidade de esclarecer tudo. Isso me fez pensar sobre quantas coisas podem ter sido ditas, que marcaram, mas não foram desabafadas.

Apesar da minha raiva, não tive a intenção de magoar, ou de ignorá-lo, mas ele ouviu as palavras e não a minha verdadeira intenção. Entendeu exatamente o que foi dito, ou seja, que ele deveria se virar sozinho com seus problemas, porque eu não tinha nada a ver com eles. Certamente, naquele momento, se sentiu só, como se não pudesse contar comigo. A representação, o significado que certas palavras têm para quem ouve, pode ser muito diferente do que para quem diz.

Uma paciente de 36 anos me relatou, certa vez, que jamais esqueceu de uma frase dita por sua mãe quando ela estava com 12 anos de idade. Ela queria muito fazer um passeio com uma amiga e, depois de chorar muito, implorando que a mãe deixasse, ouviu esta lhe dizer: "Nem que você chore lágrimas de crocodilo, eu não vou me importar, não vou mudar de ideia."

Ela entendeu com isso que, por mais que ela sofresse, não atingiria sua mãe, porque ela estava insensível à sua dor. Não creio que tenha sido essa a intenção da mãe, mas foi o que suas palavras deram margem para serem compreendidas.

Quando dizemos algo a uma criança, estamos ligados apenas ao nosso mundo, ao nosso universo, e não ao dela. Ela vê as coisas por outro prisma, sua ótica é diferente, e nós não levamos isso em conta.

As crianças, dependendo da idade, entendem as coisas literalmente. Minha filha me contava que quando alguém falava sobre pregar o evangelho, ela imaginava uma pessoa pregando uma Bíblia na parede com prego e martelo. E quando eu dizia sobre entender as coisas "ao pé da letra", ela imaginava um monte de letrinhas com pés.

Muitos filhos já ouviram estas palavras: "Você está acabando comigo; você ainda vai me matar; estou me acabando por sua causa; você está me deixando doente; você vai ver a falta que eu faço depois que eu morrer." Imaginem o que se passa pela cabeça de uma criança ao ouvir coisas como essas! Uma criança ouviu tantas vezes sua mãe dizer coisas assim que, durante muito tempo, ela acordou várias vezes à noite para sentir a respiração da mãe, para se certificar de que ela ainda estava viva.

É comum os filhos ouvirem dos pais: "Você fez isto só para me aborrecer; você faz estas coisas de propósito para me tirar do sério; você gosta de me irritar." Os filhos parecem cruéis e os pais, suas vítimas. Eles se sentem culpados pelo sofrimento que pensam estar causando. Crescer ouvindo coisas assim pode levá-los a entrar facilmente num processo de autodestruição, fechando-se para o mundo, ou tornando-se rebeldes, assumindo a postura de uma pessoa ruim.

Não percebemos que em certas situações podemos agir de forma até mesmo covarde ao despejarmos palavras rudes e cheias de raiva sobre uma criança que não tem força e nem como se defender. Se ela se sente mal, se irrita com o que dissemos, e nos responde, nós a castigamos por isso. Achamo-nos no direito de ficar bravos e falar o que queremos, e a criança é obrigada a ouvir calada, sem defesa, se não quiser ser castigada depois de tudo.

Às vezes, não se aceita que os filhos nem mesmo suspirem mais profundamente por reação a alguma coisa que seus pais lhe dizem, como se os adultos tivessem o direito de dar livre espaço a seus sentimentos, mas os sentimentos dos filhos tivessem de ser sufocados a todo custo, porque sua manifestação é vista como falta de respeito.

Assim como os filhos não devem desrespeitar os pais, estes não devem despertar a ira dos filhos (veja Efésios 6:4). Ter de ficar com um nó na garganta todas as vezes que sentir raiva só faz que tal sentimento cresça a cada dia.

Os pais se irritam com certas atitudes dos filhos e por esse motivo querem desabafar, jogar para fora todo o ódio. Porém, o que não percebem é que nem sempre as ações dos filhos justificam todo esse movimento interno, toda essa raiva despertada. Algumas vezes, elas apenas acordam os monstros adormecidos. São como alfinetadas em antigas feridas, fazendo brotar a raiva guardada por tantos outros motivos. Há muitas pessoas que vivem como se fossem um campo minado, um passo em falso é capaz de provocar grandes explosões. Cada um de nós, antes de nascerem nossos filhos, já tínhamos nossos problemas, nossas carências e frustrações; já tínhamos nossas dificuldades próprias, relacionadas à nossa própria história de vida.

Uma pessoa, por exemplo, que sofreu muitas humilhações, que foi submissa e dominada, pode ter guardado muita raiva de si mesma por não ter conseguido reagir às pressões. Essa raiva facilmente vem à tona quando percebe que o filho está tentando controlá-la. Ela não aceita mais perder o domínio da situação. Sente raiva de si mesma ao perceber que é dominada por uma criança.

Além de nossas dificuldades anteriores, também temos os problemas atuais, dificuldades financeiras, momentos de crise conjugal, falta de realização profissional, dificuldades em lidar com a independência dos filhos e muitos outros motivos, que nos levam a atitudes extremas.

Não somos apenas pais e mães, somos pessoas com anseios, sonhos, limitações e frustrações. Quando não se está bem consigo mesmo, qualquer motivo a mais, por menor que seja, pode se tornar o estopim. E em situações assim, se não tivermos consciência do que se passa, jogamos a culpa nos filhos, que acabam pagando um preço alto.

Quando eu era pequena, minha mãe trabalhava muito (ainda trabalha até hoje). Sem dúvida, segurava muitas barras difíceis, lutava muito para ajudar meu pai e nos manter. Quando lhe acontecia algo errado, como se queimar na cozinha ou quebrar alguma coisa, por exemplo, a primeira criança que passasse por perto, principalmente se estivesse à toa, levava a culpa. Nesta, ela descarregava toda a raiva que vinha guardando desde a última explosão. O excesso de compromissos que ela sempre tinha a levava a se irritar com quem não estivesse trabalhando.

Quando percebia que ela estava nervosa, eu pegava uma almofadinha rasgada, que eu guardava, sentava-me no sofá e começava a costurar, para não sobrar para mim. Isso me livrava da bronca, pelo menos naquela hora. Assim que terminava de costurar, rasgava de novo a almofada, para que na próxima vez em que ela se irritasse, eu tivesse o que fazer.

Se não estivermos conscientes de nossas dificuldades e não conseguirmos separar as coisas, nós faremos dos filhos nosso bode expiatório.

Uma mãe me contou que, certa vez, perdeu o controle e deu uma grande surra em seu filho adolescente. Depois, se sentiu muito culpada, mas não procurou se retratar, pois, apesar da culpa, seu ódio era muito grande pelo comportamento dele. Tudo aconteceu porque ela lhe pediu alguma coisa, assim que ele entrou em casa, e ele não lhe respondeu, fechando-se no quarto. Mais tarde, ela descobriu que ele acabara de perder um campeonato.

Contudo, naquele momento, ela não pensou em perguntar o que houve. Perdeu o controle por ter se sentido afrontada e seu ódio foi tão grande que no mesmo instante partiu para cima dele e lhe deu uma palmada.

A violência física nunca é a solução, mas neste caso em específico ela é pior, pois não partiu de uma tentativa distorcida de correção por uma atitude errada, mas de um desabafo pelo que a atitude do menino despertou. A sensação de ser ignorada, desrespeitada e de perder o controle sobre o filho atingiu em cheio suas inseguranças, seus complexos e seus medos.

O descontrole, nesse caso, está muito mais relacionado às dificuldades pessoais dessa mãe do que às atitudes do filho. Quando algo atinge as feridas profundas, perde-se a serenidade e o equilíbrio para resolver a situação.

Quando conseguimos manter a calma, temos mais condições de separar o que é nosso do que o que é do outro, e o resultado é muito melhor. As coisas podem ser explicadas e compreendidas, pode-se falar e ser ouvido, assim como os erros podem realmente ser corrigidos de forma devida. A atitude errada precisa ser reconhecida para que uma mudança consciente ocorra e, na explosão da confusão, não conseguimos deixar nada claro, só aumentamos a nossa raiva e a do outro com quem estamos brigando.

Nem sempre é fácil controlar a raiva, mas é importante perceber quando é ela que está no comando de nossas ações. Se não é possível contê-la, é melhor sair da confusão, dar uma volta, ficar só por um tempo e esfriar a cabeça até se sentir no domínio de si mesmo outra vez. Se seu filho precisa de você num momento difícil, em que você não está bem, é melhor explicar isso a ele e pedir que ele o deixe só até você melhorar. Isso pode evitar muitas confusões. É um grande risco tentar levar adiante uma situação quando se está envolvido demais. É importante parar antes que a raiva saia do controle.

Ouvi no consultório uma vez uma história gravíssima de um pai que estava segurando o filho bebê enquanto a mãe preparava o banho da criança. O bebê chorava sem parar, e o pai já estava nervoso quando o pegou, mas procurou se controlar para ajudar. No entanto, o choro o deixava cada vez mais irritado, até que, num ímpeto de total descontrole e desespero, ele jogou o bebê em cima da cama como se fosse um pacote. Felizmente, nada de grave aconteceu, mas se esse pai tivesse deixado a criança chorando na cama, sozinha, assim que percebeu que estava ficando mais nervoso do que o normal, certamente teria prejudicado muito menos. Se não procurarmos dar uma pausa para esfriar os ânimos, a situação pode chegar a um nível insuportável. "Quem se ira com facilidade faz coisas tolas [...]" (Provérbios 14:17).

Às vezes, justificamos determinadas atitudes nossas como consequência do descontrole causado pela raiva e nos desculpamos como se fôssemos totalmente vulneráveis, como se as emoções tivessem total domínio sobre nós mesmos.

É claro que as emoções nos atingem, que há situações difíceis de se lidar, afinal, não somos perfeitos. Contudo, a Palavra de Deus nos ensina que há a tendência da carne e a tendência do espírito, e que uma luta contra a outra. Porém, se buscarmos a comunhão com o Espírito Santo de Deus, teremos mais domínio próprio e as tendências da carne — entre elas a ira, contendas e dissensões — não prevalecerão sobre a nossa vontade. A comunhão com Deus traz equilíbrio.

> Mas o Espírito produz este fruto: amor, alegria, paz, paciência, amabilidade, bondade, fidelidade, *mansidão* e *domínio próprio*. Não há lei contra essas coisas! (**GÁLATAS 5:22-23**, grifos da autora)

# 6 O QUE AS CRIANÇAS DIZEM QUANDO ESTÃO COM RAIVA?

As crianças também têm sentimentos, mas nem sempre nós os respeitamos. Aprovamos alguns, mas não admitimos outros. Gostamos de ver as crianças alegres, porém não conseguimos lidar com suas tristezas. Ficamos felizes com sua demonstração de carinho, entretanto não aceitamos sua raiva. Alegria e tristeza, amor e ódio, são todos sentimentos e precisam ser expressos e aceitos.

As crianças agem de acordo com o que sentem, e algumas vezes isso nos deixa perdidos. Quando uma criança está com raiva por alguma atitude dos pais, ela também diz coisas que podem magoá-los, como: "Eu não gosto mais de você; não o amo mais; você é muito ruim; eu não quero mais falar com você; nunca me deixam fazer nada do que eu quero fazer."

Se os pais levam o que ouviram para o lado pessoal, deixando-se atingir por essas palavras, sentindo-se inseguros, culpados, confusos quanto ao conceito que têm de si mesmos como pais e injustiçados pelos filhos, provavelmente se descontrolarão. Esse sentimento poderá levá-los a perder o domínio da situação, agindo agressivamente, ou demonstrando toda a sua fragilidade, fazendo um longo relatório de tudo que já fizeram de bom para eles, procurando provar aos filhos o quanto eles estão sendo ingratos.

Outras vezes, voltam atrás em suas decisões, liberando o que antes proibiram, dando o que está além de suas possibilidades, para tentar recuperar a boa imagem. Toda essa perda de controle não significa que a criança tem um extraordinário poder de desestabilizar as coisas, mas que esses pais estão inseguros, sentem necessidade de serem amados e falta-lhes confiança em si mesmos.

A raiva, manifestada naquelas palavras dos filhos, está ligada àquele momento, àquela situação especial. Dependendo da forma que se lida com isso, em pouco tempo tudo volta ao normal. Depois que passa, eles voltam a agir como se nada tivesse acontecido. Contudo, na hora, devido à mágoa dos pais, eles os repreendem severamente, sufocando a manifestação do sentimento da criança a todo custo.

Isso não quer dizer, de forma alguma, que se tenha de permitir que uma criança diga o que bem entender. Elas também precisam aprender que algumas palavras podem ferir. Porém, com certas atitudes, os pais conseguem apenas impedir, por intermédio da pressão, que elas exponham seus sentimentos.

Rita, mãe de um casal de filhos, reagia com o primeiro sempre de forma muito repressiva. Qualquer expressão agressiva vinda de seu filho era imediatamente reprimida por ela. Quando bem pequeno, ele era um menino expansivo, extrovertido e franco, mas a fragilidade dessa mãe, diante das reações "negativas" do filho, a levaram a um controle rígido, que permitia a expressão de alguns sentimentos e reprimia a de outros. Isso foi contribuindo para que ele ficasse cada dia mais fechado.

Quando ele tinha 8 anos de idade, nasceu sua irmã. Nessa época, Rita começava a mudar, a se fortalecer mais emocionalmente. Foi compreendendo que nem tudo era falta de respeito, mas que os sentimentos de raiva são naturais nas pessoas, independentemente da idade, e precisam de uma válvula de escape, não podem ser simplesmente abafados.

Ela passou a agir de maneira diferente: sem deixar de corrigir o que era preciso, foi aprendendo a aceitar a expressão dos sentimentos dos filhos como normal. Sua filha mais nova foi a mais beneficiada com sua mudança. Hoje, o filho mais velho é uma criança fechada, que tem dificuldades de manifestar tanto os sentimentos negativos como os positivos e não é nem um pouco carinhoso, enquanto a caçula fala tudo o que pensa, tanto o que é bom quanto o que é ruim, e é uma criança franca e carinhosa; suas crises de raiva sempre passam rápido e ela não guarda rancor. Podemos pensar que essa diferença entre os dois irmãos é uma questão de temperamento, e isso não pode ser descartado. Contudo, também não podemos negar a força das atitudes repressoras.

Quando colocamos uma barreira que impede a manifestação de alguns sentimentos, todos os outros ficam impossibilitados de se manifestar. Ou aprendemos a lidar com os sentimentos da criança ou contribuiremos para que nossos filhos sejam fechados em si mesmos e estranhos para nós.

Nós, adultos, temos nossos motivos para ficarmos irritados, e as crianças também têm os delas. Não se pode esperar que elas reajam sorridentes e amáveis enquanto estão ouvindo o que não gostariam de ouvir. Quando, por exemplo, nós as proibimos de fazer o que elas gostariam, ou definimos um horário para chegar em casa e elas acham cedo demais, não podemos esperar que nos digam: "Claro, papai, você está pensando na minha segurança, eu compreendo isto e sei que o senhor tem toda a razão."

Se o filho quer muito uma coisa e ouve um não, é evidente que não reagirá alegre e satisfeito. Porém, o fato de eles estarem aborrecidos conosco naquele momento não significa que o amor deles por nós corre o risco de acabar. Nós também dizemos muitas palavras rudes num momento de raiva, e isso não afeta nosso amor por eles.

Os sentimentos precisam de expressão. Não apenas os sentimentos dos filhos, mas também os dos pais. Se não gostamos do que eles fizeram, se ficamos muito magoados com o que ouvimos, temos o direito também de demonstrar nossos sentimentos. Não há nada de errado em deixarmos claro que o que eles disseram nos entristeceu, que não gostaríamos de ouvir coisas como essas. Podemos lhes ensinar que podem colocar seus sentimentos de outra maneira, de forma que possamos ajudá-los sem que um fira o outro.

# 7 O PONTO FRACO DOS PAIS

O descontrole dos pais facilita aos filhos descobrirem os pontos fracos de seus responsáveis. Algumas crianças conseguem atingir seus pais quando dizem: "Você não me ama, nunca me deixa fazer nada, o pai da fulana é que é legal." Se o pai se irrita, descontrola-se, ou cede às pressões, deixa claro suas fraquezas.

Quando os filhos percebem que conseguiram desestruturar os pais com determinadas atitudes ou palavras, quando descobrem seu ponto fraco, podem utilizar esse mesmo caminho sempre que quiserem alguma coisa. De outro lado, ao perceberem que foram capazes de magoá-los bastante, sentem-se culpados, vendo seus sentimentos como ameaçadores e a si mesmos como pessoas más.

Quando os pais se sentem seguros consigo mesmos, confiantes e conscientes de estarem fazendo o melhor que podem, não se deixam pressionar, nem tentam fazer um esforço além de suas possibilidades para provar que amam seus filhos e são bons pais.

Mesmo quando não explodem de raiva, alguns pais ficam tão magoados que caem na armadilha de recorrer à chantagem emocional. E aí vem aquele discurso que todos conhecem: "Você não dá valor ao que eu faço, não reconhece o meu esforço para lhe dar o melhor, não lembra das noites e mais noites que eu fiquei acordado cuidando de você etc."

Uma mãe, separada do marido havia pouco tempo, depois de um desentendimento que teve com sua filha, a ouviu dizer que queria ir embora, morar com o pai. A mãe ficou completamente arrasada, insegura quanto às suas atitudes e temerosa de perder a filha. No seu desespero, jogou toda a sua revolta e mágoa pelo que ouviu, dizendo que a filha era ingrata por não reconhecer seu empenho em tentar ser uma boa mãe e suprir a falta do pai. Seu discurso só mostrou seus medos e inseguranças. Depois desse episódio, pelo menor motivo que a contrariasse, a criança repetia a ameaça, e a mãe, novamente, se descontrolava, até que, na terceira vez, por uma clareza de consciência, ela percebeu o jogo e reagiu completamente diferente, dando um fim à situação.

Ela disse à filha, calmamente e com firmeza: "Eu a amo muito e não vou permitir que saia daqui. Vou continuar cuidando de você com muita alegria, porque você é muito importante para mim. Não pense que eu vou abrir mão de você. Agora, entenda de uma vez por todas que eu faço o melhor, dentro das minhas possibilidades, portanto, desista das chantagens. Isso não me atinge mais."

A filha desistiu mesmo, nunca mais falou em sair de casa.

Perceber a fragilidade dos pais leva os filhos a também se sentirem inseguros quanto ao apoio que podem esperar por parte destes. Se os pais são muito frágeis, se não têm condições de enfrentar determinada carga de tensão, fica difícil poder contar com eles em situações mais complicadas.

Uma adolescente me procurou dizendo não saber o que fazer. Sentia necessidade de ajuda, mas não podia dizer aos pais que precisava fazer terapia porque eles iam querer saber o que estava acontecendo e ela sentia que não podia dizer nada a eles, pois seus pais "desmoronam por qualquer coisa", segundo ela mesma.

Há muito tempo ela desistiu de conversar com eles porque, quando lhes contava um problema, acabava ficando com dois. Além de não resolver o que ela já tinha, acrescentava o que os pais lhe traziam pelo seu descontrole e preocupação exagerada. Por fim, ela sentia que precisava dar um jeito de demonstrar que já estava tudo bem para acalmá-los.

Quando os pais sempre perdem o controle, os filhos perdem a confiança neles como apoio. Para agirmos com bom senso e como bons pais, para educarmos os filhos de maneira mais sábia e com condições de lidar com suas emoções, é preciso investir também no nosso próprio equilíbrio emocional.

Certas reclamações dos filhos podem atingir em cheio antigas mágoas e frustrações, descontrolando os pais e levando-os a agir de maneira insensata. Aqueles, por exemplo, que passaram por sérias dificuldades financeiras, que não puderam ter o que desejaram, que sempre viram os outros ganhando as coisas que eles nunca puderam ter, ou que foram humilhados quando criança por sua condição de vida, querem dar aos filhos tudo aquilo que não receberam para evitar que eles passem pelo mesmo. Quando não podem, mesmo fazendo todo o sacrifício, sentem-se culpados.

É natural que procuremos dar aos filhos uma vida melhor do que a que tivemos. Não há nada de errado nisso, ao contrário, quem ama quer dar o melhor que pode. Contudo, às vezes procuramos dar o que realmente não podemos. Muitos criam os filhos dentro de uma ilusão, além de suas condições, para satisfazer os seus desejos não realizados.

Se o menino chega chorando e diz: "Puxa vida, pai, todos da minha turma já ganharam esse brinquedo, eu sou o único que não ganhou", dependendo da história de vida desse pai, essas palavras terão grande poder. Vão machucá-lo profundamente, de modo que, se ele não tiver mesmo como dar um jeito de fazer a vontade do filho, se sentirá arrasado.

As crianças percebem quando isso afeta seus pais e podem usar essa conversa como estratégia para ganhar o que querem. Se os pais não se sentem culpados, se encaram com naturalidade sua condição de vida, os filhos entenderão isso também de maneira mais tranquila.

Podemos dar aos filhos muito mais do que tivemos sem ter de comprar tudo o que eles querem. Nosso tempo, nossa atenção e nosso carinho são muito mais valiosos que os brinquedos lançados um após o outro. Uma criança se sente muito mais feliz de estar com um simples joguinho ao lado dos pais, do que sozinha com um brinquedo sofisticado.

Além disso, ter tudo o que quer, em termos materiais, não faz ninguém feliz. A prova disso são os filhos de muitos milionários, que têm tudo o que o dinheiro pode comprar, mas vivem na companhia de babás, pois os pais têm muitos compromissos. Muitos deles acabam tornando-se adultos com problemas de autoestima, pois como não tiveram a presença dos pais na infância, agora, quando são jovens ou adultos, tentam chamar a atenção deles se arriscando ao perigo. Tiveram tudo, mas não receberam amor e, por isso, não valorizam os privilégios a que tiveram acesso.

## O PONTO FRACO DOS PAIS

Quem ganha tudo fácil não dá valor ao que tem.

Na minha infância, conheci duas crianças que recebiam inúmeros brinquedos que o pai trazia de suas viagens ao exterior. Eram brinquedos sofisticados que não víamos nem mesmo na televisão. Contudo, para elas, que ganhavam muitos, tudo aquilo era tão comum que não tinha mais a menor graça. Elas se divertiam mais desmontando todos eles para ver como funcionavam. Poucos dias depois de ganhá-los, os brinquedos não passavam de um monte de peças espalhadas pelo porão da casa.

A ansiedade de ter de esperar pelo Natal ou pelo aniversário para ganhar o brinquedo preferido não traumatiza ninguém, ao contrário, torna aquele momento uma ocasião especial e faz o brinquedo ter muito mais valor. Conheci uma mãe cuja condição financeira era muito boa, mas seus filhos tinham as datas certas para ganhar presentes. Fora disso, quando eles queriam muito uma coisa, guardavam o dinheiro da merenda escolar até juntar o que precisavam para eles mesmos comprarem o que queriam. E ela dizia que o que eles compravam com o dinheiro economizado era muito mais bem cuidado do que as coisas que ganhavam.

Além disso, não ter tudo com facilidade torna as crianças mais criativas. Elas passam a inventar brincadeiras, construir novos brinquedos com os velhos, descobrir novas aventuras. A infância tem sido muito prejudicada, porque, enquanto em períodos anteriores muitas crianças podiam jogar bola, brincar de pique, relacionar-se com outras, agora elas estão trancadas em um quarto jogando *videogame* ou navegando na internet.

É ilusão pensar que dar o melhor é comprar tudo que um filho quer. Na verdade, quem faz isso tira algo do filho: a oportunidade de desejar alguma coisa, de lutar por algo, de ter expectativas.

# 8 O AUTORITARISMO DESPERTA A IRA

É comum que os pais recorram ao argumento de autoridade para evitar uma conversa difícil com os filhos ou, pela dificuldade de estabelecerem um diálogo, eles acabam repreendendo sem nenhuma explicação ou dizendo um "não" sem apontar os motivos. Dessa forma, imaginam estar facilitando as coisas, acabando com o problema mais rápido. Quando, por exemplo, os pais não querem deixar que seus filhos saiam para algum lugar e, na tentativa de evitar um debate longo ou por dificuldades de argumentar de modo convincente, não é raro que o motivo da negativa seja apenas "você não vai porque eu não quero e pronto". Ou, como dizem algumas mães, "não vou deixar porque meu coração não está pedindo".

Mesmo que a conversa acabe ali, que a autoridade seja forte o suficiente para repreender qualquer tentativa de questionamento, não significa que foi a melhor solução. A discussão até pode ser evitada, mas não o acúmulo de raiva. Não dar chance ao diálogo também desperta a ira. Dizer "não e pronto" de forma autoritária é uma maneira de deixar claro quem manda em casa. É uma forma de impor o medo, não o respeito. A convivência pode acabar se transformando numa luta pelo poder, em uma disputa de força. Pais e filhos passam a ser adversários, e o que era para se unir, se divide. Nossa casa não é um campo de batalha. Não estamos em guerra com nossos filhos.

> Todo reino dividido internamente está condenado à ruína. Uma família dividida contra si mesma se desintegrará.
> **(Lucas 11:17)**

Presenciei um confronto entre uma mãe e um filho, em que ela o chamava para ele tomar banho, pois iriam a uma festa. A brincadeira estava muito animada e a ideia de deixá-la não o agradou, por isso ele respondeu: "Eu não quero ir, prefiro ficar aqui brincando". Ao que ela respondeu: "Você não tem que querer, apenas faça o que eu mandei!"

O filho baixou a cabeça e saiu atrás dela, mas, como não conseguiu conter toda a raiva, foi dizendo baixinho: "Eu tenho que querer sim, por que não?"

Por dificuldade de se resolver uma situação, por medo de perder o controle ou para não permitir que o poder seja ameaçado, cria-se um clima de guerra, provocando e humilhando, gerando rancores e mágoas.

O resultado é muito melhor quando conseguimos reconhecer e compreender os motivos deles e explicar os nossos também. E mesmo que todo o diálogo não dê resultado, é possível dizer "não" com autoridade e firmeza, sem ser autoritário, arrogante e sem aquele tom de comando característico de um quartel.

# 9 ESCOLHAS

Não é verdade que um filho não tenha direitos de escolha, que não tenha que querer nada e todas as suas decisões são tomadas apenas pelos pais. Se pretendemos criar futuros homens e mulheres responsáveis, que saibam tomar decisões e fazer boas escolhas, que tenham personalidade e saibam dizer "não" quando tiverem de dizer, não podemos criá--los sob um jugo autoritário, aprendendo apenas a respeitar ordens e fazer o que os outros mandam.

Vai haver um dia em que aquela filha precisará dizer "não" a um namorado atrevido, ou aquele filho terá de dizer "não" às drogas oferecidas pela turma de colegas. Como podemos esperar que eles tenham atitudes fortes e decididas e que saibam defender seus valores, se os criamos totalmente submissos ao nosso querer, se lhes ensinamos desde cedo que eles não têm vontade própria, não têm direito de escolha?

Ouvi um comentário, certa vez, a respeito de uma menina de 15 anos que ficou grávida. Algumas pessoas diziam, de maneira maldosa, que ela era uma menina sonsa, que parecia muito tímida e pacata, mas que não se mostrou tão boba assim. Ela realmente era muito tímida, foi criada muito presa e num regime muito rígido. Na verdade, não passou pela cabeça daquelas pessoas tão críticas, que aquela menina estava insegura e não soube dizer "não".

Quando se mantém os filhos sob total domínio e controle, sem direitos e nenhuma liberdade, eles se tornam pessoas dependentes, sem iniciativa e indefesa.

Alguns reclamam que seus filhos têm um gênio muito forte e difícil de ser dominado. Ter um gênio forte não é defeito, ao contrário, pode ser uma grande vantagem. Essa criança, bem orientada com respeito e carinho, pode ser no futuro uma pessoa empreendedora, corajosa, segura de si; dificilmente será levada a fazer o que não quer.

É dessa forma que os pais querem que seus filhos sejam quando adultos. O problema é que eles imaginam que isso pode acontecer de uma hora para outra, apenas porque os filhos cresceram fisicamente.

Alguns criam os filhos de forma repressiva e dominadora e, quando eles crescem, criticam-nos por não terem iniciativa. A independência, a criatividade, o poder de decisão e a confiança em si mesmo têm de ser cultivados desde cedo. O papel dos pais é estar presentes, acompanhando e cuidando como orientadores, não como domadores. Não temos de dominar, nossa casa não é um quartel e nós não somos generais comandando soldados.

As crianças têm direito a escolhas. Quando conseguimos encontrar um equilíbrio, dando a elas esse direito dentro dos limites possíveis, quando não somos controladores ao extremo, proibindo tudo a todo tempo, fica mais fácil para elas aceitarem as proibições e os limites que realmente precisamos colocar.

Muitas vezes, provocamos brigas desnecessárias por não permitirmos certas coisas que poderíamos permitir.

Uma mãe me encontrou uma semana depois de ouvir uma palestra que dei sobre esse assunto em uma igreja. Ela disse que seu filho me mandava um abraço de agradecimento. Havia várias semanas que ele estava com muita vontade de raspar a cabeça, com máquina zero, mas a mãe não queria deixar de forma alguma. Ela ficava com vergonha, porque achava que ele ficaria muito feio. Contudo, o menino estava inconformado, não entendia por que não podia decidir como cortar seu próprio cabelo. Isso foi motivo de atrito entre eles por um bom tempo. Depois dessa palestra, ela refletiu, viu que estava travando uma batalha boba e deixou que ele raspasse a cabeça. Ele curtiu sua carequinha por uns dias e depois deixou o cabelo crescer novamente. Não houve nenhum prejuízo.

Exigimos muitas coisas que não precisamos, desgastando o relacionamento, provocando brigas sem sentido e aumentando a resistência dos filhos em relação a proibições necessárias.

O poder de escolha leva as crianças a adquirirem autoconfiança e a acreditarem em si mesmas. Se não permitimos que elas escolham o que podem escolher, quando crescerem terão dificuldades de decidir sozinhas, nas mínimas coisas. Ficarão sempre dependentes da confirmação dos outros.

Há situações em que achamos que não podemos deixar que a criança escolha pois não encontramos alternativas para serem dadas. Na tentativa de garantir que a criança obedeça, nós utilizamos determinadas palavras e tons arrogantes, por exemplo: "Você vai fazer isto, *agora*."

Exigimos tudo imediatamente, apesar de sempre respondermos aos filhos: "Espere um pouco, agora eu não posso, estou ocupado." Enfatizamos o "agora" para pressionar, mas a criança pode se submeter às ordens com raiva ou aceitar o desafio e comprar a briga.

Mesmo que uma ordem seja imposta com rigidez e autoritarismo, existe a possibilidade de uma reação da criança. Para que as coisas possam ser resolvidas sem guerras, nós podemos usar meios mais diplomáticos, oferecendo possibilidades de escolhas.

Muitas batalhas são travadas na hora das refeições. A família quer que as crianças comam determinados alimentos, pois são saudáveis, mas as crianças não aceitam porque acham que aquela comida tem gosto ruim. Quando queremos, por exemplo, que as crianças comam vegetais, dizemos: "Você tem de comer essa alface, querendo ou não."

Já começamos com um clima de guerra, provocando desafios. A criança pode até obedecer, mas por medo e com raiva, o que não é nenhuma vantagem. O que deveria fazer bem acaba prejudicando. No entanto, se dissermos: "O que você prefere, alface ou agrião?", então não estamos mais impondo, estamos oferecendo opções, e as chances de que ela coma a hortaliça são maiores. Expondo as coisas dessa forma, a atenção da criança se volta para a escolha entre as opções apresentadas, não para aceitar ou rejeitar.

Se mudamos o tom e oferecemos alternativas temos mais chances de sermos atendidos sem ter de humilhar ou provocar. É preciso aprender a negociar. Cada um conhece o filho que tem e, se observá-lo bem, vai saber como fazer isso de forma que o desfecho da situação seja bom tanto para um como para o outro.

Quando meus filhos eram pequenos, passei por algumas dificuldades em relação à alimentação, pois eles não queriam nem experimentar verduras e legumes. Na hora do almoço, sempre havia confusão. Depois de algumas brigas, aprendi a negociar com eles. Antes, para que eles comessem vários tipos de legumes, eu fazia uma sopa e dizia que ficaria satisfeita se eles comessem apenas três colherezinhas dela. Eles não aceitavam, rejeitavam minha proposta completamente. Então, percebi que três era pouco, não dava margem para que eles pedissem desconto. Dependendo do comprador, é preciso cobrar bem alto para que o preço tenha como cair até seu valor justo. Passei então a aumentar minha oferta, dizendo que só queria que eles comessem 15 colherezinhas. Eles se assustavam com o número e me pediam um abatimento. Se eu diminuísse para cinco, eles me ofereciam dois.

Quando peguei o jeito deles, tudo deu certo. Eu baixava para 12, eles me faziam a contraproposta de seis e a gente fechava em oito. Eles aprenderam a comer legumes, e eu aprendi a negociar com eles. Meus filhos cresceram, mas a estratégia ainda funciona para algumas coisas.

Certas pessoas defendem que se deve deixar as crianças livres para comerem o que quiserem, que elas têm esse direito, até mesmo o de comer à hora em que tiverem vontade, e que obrigar as crianças a comerem o que elas não gostam traz prejuízos que não compensam os ganhos.

Realmente, não se deve fazer da hora das refeições uma guerra e nem humilhar a criança por isso, afinal, comer com raiva faz muito mal. Contudo, podemos encontrar um meio pacífico para que aprendam a gostar do que sabemos que é saudável para elas, já que uma alimentação inadequada também traz sérios problemas. Certamente, se deixarmos as crianças comerem somente o que quiserem, algumas vão comer balas e chocolates o dia todo.

Outro motivo de confusão é quando se trata da ajuda das crianças nas tarefas de casa. Também não é necessário nos armarmos de autoritarismo dizendo: "Hoje vocês vão ter de trabalhar comigo na limpeza, ouviram bem?"

Isso não garante nada, apenas abre portas para confusões. No entanto, se não é isso que queremos, eles ouvirão de modo muito mais receptivo se dissermos: "O que vocês preferem fazer hoje para me ajudar: limpar os móveis, varrer os quartos ou secar os pratos?"

Não estamos falando de uma estratégia para dominar, controlar ou tapear os filhos, porque esse não deve ser o nosso objetivo. É uma estratégia sim, mas para evitar conflitos desnecessários no relacionamento. É normal haver brigas e confusões numa família, mas muitas delas podem ser evitadas.

Certas mães brigam por tudo, impõem o tempo todo e se incomodam com qualquer movimento dos filhos, não lhes dão liberdade para nada. Algumas se preocupam, em excesso, com a arrumação da casa, em manter tudo em ordem, mas não percebem que estão tolhendo os filhos, limitando seus movimentos e sua criatividade. Seus filhos crescem ouvindo o tempo todo: "Não mexa em nada; não toque nisto, senão quebra; isso não pode." A única alternativa que não perturba é ver televisão. E, com o tempo, elas vão se tornando apáticas.

Isso não quer dizer que o saudável é deixar que as crianças tirem tudo do lugar, façam a bagunça que quiserem ou mexam no que não podem, quer dizer que, se não é possível permitir que elas façam determinadas coisas, temos de lhes oferecer outras que não causem danos.

No conceito de alguns, o bom filho é aquele que fica bem quietinho em casa, não reclama, faz tudo o que os pais querem, não briga por nada e não perturba ninguém. Certo dia, ouvi uma pessoa fazer um comentário a respeito da filha de sua amiga, dizendo o seguinte: "Sua filha é uma ótima criança, a gente nem ouve a voz dela."

Para quem pensa assim, a criança ativa e cheia de energia é considerada "criança-problema", mas faz parte da infância questionar, testar e experimentar. Não há nada de errado com isso, pois a criança está descobrindo a si mesma e ao mundo.

# 10 QUANDO NÃO HÁ ESCOLHAS

Há ocasiões em que não temos escolhas para oferecer, e temos de colocar em primeiro lugar a segurança dos nossos filhos, em todos os sentidos: segurança física, emocional e espiritual. Para isso, precisamos muitas vezes impor limites de maneira firme.

Não podemos deixar, por exemplo, que uma criança decida até que horas quer brincar na rua, ou a que horas quer voltar para casa depois de uma festinha. Podemos deixar que ela escolha que verduras quer comer, mas não deixá-la almoçar e jantar na hora em que bem entender. Não se deve permitir que as crianças assistam à televisão até altas horas da noite, nem que vejam qualquer tipo de programação. Em uma família, como em outra instituição, tem de haver ordem e disciplina.

Deve liderar bem a própria família e ter filhos que o respeitem e o obedeçam. (**1 TIMÓTEO 3:4**)

> Pais, não tratem seus filhos de modo a irritá-los; antes, eduquem-nos com a disciplina e a instrução que vêm do Senhor. (**Efésios 6:4**)

No entanto, antes de proibir, impor um limite ou exigir alguma coisa, é preciso estar seguro do que se faz para não hesitar.

Quando não estamos certos e seguros do que dizemos, deixamos o caminho aberto para a insistência. Às vezes, dizemos um "não" com tom de dúvida, passando, na verdade, uma dupla mensagem, ou seja, as palavras dizem "não", mas o tom está dizendo: "Não estou bem certo disto."

Quando dizemos "Ah! filho, eu não queria que você fizesse isto...", deixamos claro que não temos certeza do que realmente queremos. E aí a criança investe, com todas as suas forças, na tentativa de nos convencer do que ela quer. Se falarmos com firmeza e segurança "Não, você não pode fazer isto", mesmo que a criança pergunte os motivos, ela não vai agir da mesma forma. O veredicto já foi dado pela perfeita harmonia entre as palavras e o tom que elas foram ditas.

Imaginem que uma mãe está conversando com uma amiga em sua casa e percebe que seu filho está fazendo algo que ela não aprova. Não querendo interromper a conversa para ir até o filho, ela diz, de longe: "Pare com isso, menino." Esse tom duvidoso leva a criança a não dar atenção ao que ouviu, a ordem não significa nada e, por isso, ela continua na mesma.

Contudo, depois de repetir várias vezes a mesma ordem, esse adulto se irrita, vai até o filho e lhe dá umas boas chineladas. A criança se assusta, porque, na verdade, é como se não tivesse ouvido ordem nenhuma.

Situações como essa são desnecessárias e podem ser evitadas. Essa mãe ou esse pai se desgasta, a visita se irrita e a criança apanha sem necessidade. Se temos de dar uma ordem, é melhor que ela seja precisa, demonstrando de forma clara o que realmente queremos, sem deixar dúvidas. Quando a criança não sente firmeza no que dizemos, ela não leva a sério.

A Bíblia diz: "Quando disserem 'sim', seja de fato sim. Quando disserem 'não', seja de fato não [...]" (Mateus 5:37). Contudo, às vezes, somos pegos de surpresa e nos sentimos inseguros. As crianças chegam de repente e pedem algo que não estamos preparados para responder. Se dizemos aquele "não" duvidoso, elas insistem até que nos provem que poderíamos ter dito "sim". E se mantemos nossa palavra, mesmo compreendendo que realmente podíamos ter dito "sim", agimos injustamente.

Nessas ocasiões, se não temos certeza do que dizer, a melhor coisa a fazer é pedir um tempo para pensar, e só responder quando estiver seguro da resposta e de poder manter a palavra. Às vezes, chamamos nossos filhos de teimosos, mas não percebemos que fomos nós que contribuímos para isso. Se negamos alguma coisa a uma criança e voltamos atrás depois de sua insistência, estamos lhe ensinando que basta insistir para conseguir o que quer. Da próxima vez, ela vai seguir o mesmo caminho.

Não quer dizer que nós não podemos nunca mudar de opinião, de forma alguma. Se tomamos uma decisão e, depois de refletir, percebemos que erramos, nada mais justo do que reconsiderar, mas explicitando os motivos que levaram a isso, para que a criança não veja como um ganho pela teimosia.

Algumas vezes, proibimos determinadas coisas e logo depois voltamos atrás quando percebemos o quanto isso deixou a criança chateada, triste e ferida conosco. Não gostamos de ver nossos filhos aborrecidos.

Contudo, há situações em que não dá para conciliar tudo. Às vezes, é melhor deixá-los tristes do que ceder a um pedido cujas consequências serão piores. Aborreci meus filhos muitas vezes por desligar a televisão quando percebia que eles estavam assistindo a um filme violento, de suspense, ou outro estilo que eu sabia não ser adequado para a faixa etária deles. Em algumas ocasiões havia opção de escolha, mas em outras não.

As crianças ficavam com raiva por coisas como essas, e muitas vezes nos sentimos confusos e culpados por contrariá-las. No entanto, temos de avaliar o que prejudica mais e manter a nossa posição.

Certa vez, passou uma minissérie na televisão que eu não permiti que meus filhos assistissem. Apesar de todas as minhas explicações, eles insistiam em ver. Eu entendi a curiosidade deles e ofereci alternativas, mas, como não foi possível negociar dessa vez, tive de desligar o aparelho e acabar com a confusão de forma radical. Evidentemente, eles não gostaram.

No dia seguinte, às 9 horas da manhã, o meu primeiro paciente era um menino de 10 anos de idade que eu acompanhava havia três meses. Ele chegou com muito sono, o que não acontecera antes, nem uma vez. Quando perguntei se ele tinha dormido bem à noite, ele me contou que assistiu à minissérie e que não conseguiu dormir depois porque algumas cenas, principalmente a de um idoso sendo assassinado, não saíam de sua cabeça. Cada vez que pegava no sono acordava em seguida com pesadelos terríveis envolvendo aquelas imagens.

Não podemos evitar alguns aborrecimentos, mas eles causam menos danos do que as consequências de determinadas concessões.

Quando decidimos colocar algumas regras em nossa casa, às vezes, enfrentamos duras batalhas. Se tivermos consciência e firmeza do que estamos fazendo, e dispostos a ser perseverantes, essas batalhas não duram muito tempo. Pouco a pouco, as crianças percebem que não vamos ceder e acabam por aceitar. Até conseguirmos implantar um esquema é difícil mesmo, não podemos esperar que elas recebam isso com facilidade, mas, com o hábito, tudo fica mais fácil. É uma questão de persistência e de consciência.

Se os pais desejam mudar algumas coisas que acham importantes em casa e sabem que os filhos não vão gostar, devem se preparar para a resistência. Precisam estar prontos para ouvir reclamações durante uma semana, pelo menos; mas devem manter a cabeça fria, até que todos estejam habituados.

É importante explicar por que não queremos que eles façam determinadas coisas. Responder apenas "porque não" ou "porque eu não quero" não ajuda, ao contrário, só complica mais. Prolonga mais ainda a confusão e impede que a criança compreenda que você está fazendo o melhor para ela. Se sua explicação não é o bastante para convencer seus filhos, use sua autoridade, mas reconheça a dificuldade deles de aceitarem.

Existem situações em que não podemos oferecer opções, que temos de usar autoridade e tomar decisões firmes, mas nem por isso é preciso falar ou agir agressivamente.

# 11 O SILÊNCIO TAMBÉM FERE

Até o insensato passa por sábio quando fica calado; de boca fechada, até parece inteligente. (**Provérbios 17:28**)

Podemos evitar muitas confusões ficando em silêncio, mas, dependendo do propósito, também podemos provocar muitos ressentimentos. Não é somente com as palavras que atingimos as pessoas na hora da raiva, mas com a ausência delas também. Às vezes o silêncio diz muito e, quando significa desprezo, consegue magoar e ferir de maneira mais dolorosa do que uma briga.

Algumas vezes, entre um casal, um utiliza o silêncio para demonstrar desdém pelo outro. Isso é algo que magoa, irrita e aumenta ainda mais o conflito, pois não dá ao outro a chance de defesa. A discussão, às vezes, causa menos mal que o desprezo. Quando o silêncio é utilizado pelos dois e se mantém, aos poucos um abismo se forma entre eles, de maneira que a comunicação se torna cada vez mais difícil. Os pais também costumam utilizar o silêncio para atingir os filhos.

Em um encontro de pais, uma mãe me disse, orgulhosa, que descobrira uma maneira de fazer o filho, de 7 anos, ficar muito bonzinho e comportado, do jeito que ela gosta. Quando ele fez algo que ela não gostou, para demonstrar sua mágoa, ela reagiu mantendo-se em silêncio, só que durante três dias. Nesse período, não se dirigia a ele para nada, enquanto ele tentava lhe chamar a atenção de todas as formas.

Por fim, o menino já estava, como ela mesma disse, "uma seda", procurando agradá-la de todas as formas, e pelo menos por uma semana ficou muito comportado. Corria atrás da mãe todo o tempo, procurando fazer o possível para deixá-la contente. Pelo que pude perceber a respeito dessa mãe, ela não tinha a intenção de causar nenhum mal a seu filho, apenas achou que conseguira um método de contê-lo.

Contudo, esse silêncio não corrige a criança, apenas gera o medo do abandono, o medo de perder o amor. E foi por isso que o menino cedeu, renunciando à própria vontade em função da vontade da mãe. Ele não ficou bonzinho por ter compreendido que respondeu mal e que agiu de forma errada, mas pelo desespero diante da possibilidade de perder o amor da mãe, de ser abandonado por ela.

Com esse silêncio, a mãe ameaça o filho de retirar o amor dela caso ele não se comporte da maneira que ela espera. Está impondo condições para oferecer o seu amor.

Uma paciente me disse que nunca esquecerá a angústia que sentia em sua adolescência, quando, por algum motivo, discutia com sua mãe. Esta ficava uma semana inteira sem lhe dirigir a palavra. Seu empenho em tentar uma comunicação ou uma forma de aproximação com a mãe era grande, mas inútil. Ela procurava agradar, fazendo todo o serviço da casa, mas a mãe era muito persistente e só voltava a falar com a filha depois de vários dias. Isso a levou a não acreditar no amor da mãe e a se sentir cada vez mais insegura por achar que não era digna de ser amada. O relacionamento entre as duas foi muito conturbado, cheio de mágoa, raiva e sentimento de culpa.

Os pais têm o direito e o dever de corrigir seus filhos, mas não com desprezo. Isso não pode ser usado como castigo ou correção. Além de não conseguir ensinar o que se pretende, leva-se a criança ao desespero e mostra a ela que o amor dos pais não é seguro, que depende das circunstâncias, ou seja, que não é verdadeiro.

Jesus ensinou que o amor verdadeiro é incondicional, não depende da atitude do outro. Ele se sacrificou por amor a todos, independentemente de serem bons ou maus, certos ou errados, e disse:

> Se amarem apenas aqueles que os amam, que recompensa receberão? Até os cobradores de impostos fazem o mesmo.
> Se cumprimentarem apenas seus amigos, que estarão fazendo de mais? Até os gentios fazem isso. Portanto, sejam perfeitos, como perfeito é seu Pai celestial. (Mateus 5:46–48)

Por amor, muitas vezes nos calamos. Esperamos a tempestade abrandar, os ânimos esfriarem e a raiva passar para depois conversarmos. Esse é um silêncio sábio. No entanto, usar o silêncio como forma de amedrontar e desprezar não é uma atitude correta de quem ama de verdade.

> Há um momento certo para tudo, um tempo para cada atividade debaixo do céu. [...] tempo de calar, e tempo de falar. (**ECLESIASTES 3:1,7**)

## 12 O SILÊNCIO PODE GUARDAR MUITAS MÁGOAS

O silêncio, às vezes, é uma ótima estratégia até que passe a tempestade. Existem situações que geram tanto ódio que, como já dissemos, é melhor que as pessoas se afastem e deixem as coisas esfriarem. Contudo, há problemas que precisam ser retomados depois da calmaria. Não se pode simplesmente fingir que eles não aconteceram e permanecer em silêncio por receio de trazer à tona todo o conflito novamente.

O tempo não se encarrega de resolver todos os conflitos. Por mais doloroso que seja o confronto, o melhor que podemos fazer é encará-lo, num momento mais calmo, conversando, expondo, deixando tudo em pratos limpos. Sentimentos ocultos e situações mal resolvidas trazem consequências muito piores do que aquelas das quais estamos fugindo. "E 'não pequem ao permitir que a ira os controle'. Acalmem a ira antes que o sol se ponha" (Efésios 4:26).

Amnom, filho de Davi, se apaixonou pela irmã e a violentou. A Bíblia conta que quando Davi soube, "ficou furioso", mas reprimiu sua raiva e não disse nada. Não há relato sobre alguma atitude que ele tenha tomado em relação a seu filho. Não houve uma única conversa, em momento algum, nem com Amnom, nem com Tamar, sua filha, no sentido de lhe oferecer apoio.

Absalão, irmão de Amnom, também ficou muito irado, mas, semelhante a Davi, também não disse nem fez nada em relação ao irmão, guardou consigo sua raiva, talvez na expectativa de que o pai tomasse alguma atitude. No entanto, o tempo foi passando e Amnom não foi repreendido, nem pelo pai nem pelo irmão. Dois anos depois, Absalão arma uma emboscada e mata o irmão. Sua raiva escondida se manifestou depois de tanto tempo.

Absalão fugiu, ficando longe por três anos. Depois desse período, atendendo ao pedido de Joabe, Davi deu autorização para que o filho voltasse, mas também não quis falar com ele. Passado mais algum tempo, e depois da insistência de Absalão, Davi resolveu recebê-lo, mas, como relata a Bíblia, apenas lhe deu um beijo (veja 2Samuel 14). Não consta que houve alguma conversa entre eles. Depois disso, esse filho começa a seduzir o povo para ficar a seu lado, conspirando contra o próprio pai para tomar-lhe o lugar de rei.

Davi foi um grande homem. Era um homem segundo o coração de Deus, porém, como qualquer um de nós, teve suas fraquezas. Talvez o que o impediu de falar tenha sido a culpa que ainda sentia pelos erros cometidos. Todavia, a intenção aqui não é julgar ou justificar a atitude de Davi, mas demonstrar, por intermédio desse exemplo, as consequências drásticas que o silêncio pode trazer em determinadas situações.

Essa história mostra o resultado de não enfrentarmos os problemas familiares, de permanecermos em silêncio permitindo que os sentimentos sejam encobertos, enquanto tantas coisas precisam ser expostas e esclarecidas.

O silêncio não pode ser usado como agressão ou como fuga.

Às vezes, os pais dizem ou fazem algo que sabem ter magoado seus filhos, mas não conseguem conversar, admitir o que fizeram e corrigir o erro. O tempo vai passando e eles apostam no esquecimento. Querem acreditar que é só deixar a vida seguir em frente que tudo acabará bem e acham que, se retomarem o assunto, vão desenterrar o problema. Contudo, nem sempre é assim que acontece. Quando se enfrenta as coisas, deixando tudo claro, pode-se evitar futuras complicações.

Alguns pais têm medo de reconhecer diante do filho que erraram, por achar que assim se enfraquecerão, perdendo a autoridade e o respeito. Acham que têm de passar a imagem de quem está sempre certo. No entanto, os pais, como qualquer pessoa, estão sujeitos a errar. Além disso, assumir um erro não é sinal de fraqueza, ao contrário, é prova de coragem, dignidade e honestidade.

Quando um pai ou uma mãe entendem que agiram errado com um filho e o chamam para conversar, esclarecendo tudo, estão ensinando-o a fazer o mesmo quando errarem também.

# 13 QUANDO NÃO SABEMOS O QUE DIZER

O conselho oferecido na hora certa é agradável como maçãs de ouro numa bandeja de prata. (**Provérbios 25:11**)

Nem sempre temos discernimento e sabedoria para dizer a coisa certa no momento certo. Às vezes, em uma mesma conversa, dizemos coisas das quais nos orgulhamos e, em seguida, outras que nos causam arrependimento.

Quando Jesus conversava com Seus discípulos, em Cesareia, perguntou-lhes o que as pessoas diziam a Seu respeito. Depois que eles responderam, fez-lhe outra pergunta: "E vocês? [...] Quem vocês dizem que eu sou?". E Pedro respondeu: "O senhor é o Cristo, o Filho do Deus vivo!" (Mateus 16:15–16).

Essa resposta foi tão perfeita que Pedro recebeu uma exaltação da parte de Jesus. Ele lhe disse:

> [...] Que grande privilégio você teve, Simão, filho de João! Foi meu Pai no céu quem lhe revelou isso. Nenhum ser

humano saberia por si só. Agora eu lhe digo que você é Pedro, e sobre esta pedra edificarei minha igreja, e as forças da morte não a conquistarão. Eu lhe darei as chaves do reino dos céus. O que você ligar na terra será ligado no céu, e o que você desligar na terra será desligado no céu. (**Mateus 16:17-19**)

Jesus exalta Pedro e deixa claro que sua resposta era uma revelação de Deus. Isso nos ensina que, para falarmos de forma verdadeiramente sábia, precisamos estar em sintonia com o Pai. Quando nos deixamos guiar pelo Espírito Santo, o nosso falar é perfeito.

Na mesma passagem bíblica, quando Jesus começou a explicar aos discípulos a respeito de todas as coisas pelas quais Ele teria de passar, Pedro O chamou e lhe disse: "Jamais, Senhor! [...] Isso nunca lhe acontecerá!" (Mateus 16:22). A resposta de Jesus para ele foi:

> [...] Afaste-se de mim, Satanás! Você é uma pedra de tropeço para mim. Considera as coisas apenas do ponto de vista humano, e não da perspectiva de Deus. (**Mateus 16:23**)

Depois de exaltado, Pedro foi repreendido, porque sua segunda resposta não foi fruto da comunhão com Deus.

Às vezes, dizemos tolices porque temos necessidade de falar, seja o que for, não conseguimos ficar calados. Achamos que temos de ter sempre algo a dizer, que os outros estão esperando algo de nós.

Quando percebemos que um filho está com algum problema, ou quando eles mesmos vêm até nós procurando ajuda, nem sempre sabemos o que dizer. Nossa ansiedade e a necessidade de ter sempre uma resposta para tudo nos levam a cometer muitos erros.

Ao procurarmos um amigo para conversar, não esperamos que ele nos ofereça uma solução, queremos apenas que nos ouça, que se interesse pelo que temos a dizer, que nos dê a chance de desabafar. Com relação aos nossos filhos, também não temos de ter respostas prontas para todas as situações. O melhor que podemos fazer, em algumas ocasiões, é ouvir com interesse e tornar o momento favorável para que eles falem.

Nós nos deparamos com muitas situações delicadas em relação aos filhos, as quais exigem de nós muita sabedoria. Seja para dizer algo, ou apenas para estar junto, assegurando o nosso apoio, é importante pedir a direção de Deus. O Espírito Santo é o melhor conselheiro e o mais sábio dos guias com quem podemos contar.

# SEGUNDA PARTE

# 14 DIFICULDADE EM LIDAR COM OS SENTIMENTOS

Estamos acostumados a cumprimentar uma pessoa dizendo "Oi, como vai, tudo bem?". Perguntamos por costume, algumas vezes nem esperamos a resposta. Afinal, o outro, geralmente, responde "Tudo bem, e você?".

Isso independente de estar bem ou não. No entanto, você já cumprimentou alguém assim e ouviu uma resposta diferente? Ou seja, já lhe responderam "Não, as coisas não estão bem, eu estou com muitos problemas" ou outra resposta mais elaborada?

Esse tipo de resposta deixa alguns sem saber o que fazer. Nem todos se sentem em condições de ouvir os problemas de outras pessoas, principalmente quando essas dificuldades estão na área emocional.

Certo homem trabalhava muito para dar o melhor que podia à sua família. Sua esposa reconhecia a preocupação que ele sempre teve com ela e com os filhos, mas se sentia muito insegura, porque achava que ele nunca se interessava por seus sentimentos. Ele conseguia falar quanto tempo fosse preciso sobre qualquer problema prático como reforma na casa, trabalho, as coisas que precisavam comprar para os filhos etc. Contudo, quando ela sentia necessidade de falar dos seus sentimentos, suas angústias ou tristezas, ele dava um jeito de sair, ou dormia e a deixava falando sozinha.

Atitudes assim são julgadas como frieza, rejeição, insensibilidade, falta de interesse pelos problemas dos outros, entretanto nem sempre isso é verdade. Esse homem, por exemplo, apesar de ser uma pessoa sensível e capaz para compreender os outros, sentia-se muito inseguro de falar sobre esses assuntos. O medo de decepcionar a esposa, por não saber o que dizer, o levava a fugir sempre desse tipo de conversa. Não se sentia com habilidade para lidar com situações nessa área.

Essas pessoas, geralmente, não tiveram oportunidade de lidar com os próprios sentimentos, não foram atendidas nesse sentido. Seus pais não lhe deram esse tipo de apoio, porque também não o receberam de seus próprios pais. Além disso, não tiveram acesso às informações que temos hoje.

Na infância, provavelmente, quando não estavam bem, não devem ter ouvido coisas como: "Está tudo bem, filho? Quer conversar um pouco? O que está lhe deixando triste?" Muitas crianças recebem apoio material, mas não são vistas como um ser emocional. Isso cria obstáculos para que elas possam lidar com as próprias emoções e com as dos outros, até mesmo as de seus filhos.

É provável que, ao perceber que estes estão com algum problema, reajam e procurem eliminar a situação o mais rápido possível. Não só para livrar o filho, mas a si mesmas, da angústia causada pelo momento.

Algumas pessoas ficam tão perturbadas em situações assim que nem ousam perguntar o que está havendo, já dizem logo

## DIFICULDADE EM LIDAR COM OS SENTIMENTOS

"Veja se melhora essa cara, rapaz, parece que não dá valor à vida", ou então perguntam o que é que está havendo, mas de uma forma tão ríspida que não dá margem para nenhuma outra resposta a não ser "Nada não, está tudo bem".

Outros procuram desviar a atenção da criança de alguma forma, contando um caso, convidando para fazer algo ou oferecendo um presente. Quando ela está com muita raiva, procuram fazer uma gracinha, provocando o riso com a intenção de que ela esqueça o que houve. Isso aumenta ainda mais a raiva da criança, porque ela sente que seus sentimentos estão sendo menosprezados, desvalorizados. Com isso, os pais demonstram que não estão interessados em saber o que está acontecendo, mas apenas que ela mude suas reações.

Em certos momentos se consegue chegar e perguntar o que houve, demonstrar interesse e boa vontade para compreender, mas, quando a criança conta o que aconteceu, coloca-se tudo a perder. Se ela chega, por exemplo, "de cara amarrada" porque brigou com a colega, nós perguntamos o que houve com interesse em ajudá-la. Ela conta os motivos e nós respondemos logo "Que bobagem! Deixa isso para lá, não há motivos para tanto".

Isso é o mesmo que dizer que os seus sentimentos são tolos, que seus motivos são bobos, que não merecem crédito. Talvez seja bobagem para um adulto, mas não para a criança. Se para ela não tivesse importância, ela não chegaria chateada. Se queremos ajudar, não vai ser diminuindo o valor de seus motivos que conseguiremos.

Contudo, não temos de aumentá-lo. Para demonstrar interesse não precisamos dizer "É verdade, você tem razão de estar com raiva dela, ela é mesmo uma megera, não merece sua amizade".

Não temos de colocar lenha na fogueira ou tomar partido. O melhor que podemos fazer é dar chance para que ela converse e desabafe, conte tudo. Assim, sua raiva pode passar. Se seu filho chega cabisbaixo do futebol porque perdeu um pênalti, por exemplo, dê a ele a oportunidade de conversar sobre o assunto, acerca do que está sentindo. Seja um ouvinte interessado e compreensivo. Não vai eliminar sua frustração se você disser "Não fique assim, filho, o Neymar também já passou por isso".

Não importa quantos já perderam um pênalti. Cada um tem sua experiência e o fato de outra pessoa ter passado pelo mesmo não diminui sua dor.

Em uma situação como esta não precisa se dizer muito, a não ser fazer perguntas que deem oportunidade para que ela fale. O mais importante é ser um ouvinte interessado e compreensivo, é estar junto e solidário. Não temos de ter soluções para tudo.

A raiva, a dor e a tristeza são sentimentos que fazem parte da vida, assim como o prazer e a alegria, mas que temos muita dificuldade de enfrentar. Muitas crianças já sofreram pela perda de um cachorrinho de estimação, ou de um brinquedo predileto. Para tentar amenizar essa dor, às vezes, os pais prometem dar outro imediatamente, por não suportarem ver seus filhos tristes.

A criança também precisa vivenciar o luto por suas perdas. Precisa de um tempo para "curtir" sua tristeza, para que esta possa se desfazer de verdade. Tentar evitar isso substituindo essas perdas rapidamente é criar uma situação irreal e impedir que ela aprenda e cresça com sua experiência.

# 15 CHORO E CONFUSÕES

Algumas pessoas têm baixa resistência ao choro, basta que o filho ameace chorar e eles dão logo o que ele quer. Não só porque não conseguem ouvir aquele som estridente, como também não suportam ver os filhos contrariados. E é claro que a criança percebe e passa a usar isso para controlar os pais.

Cada um utiliza os meios que tem para conseguir o que quer, e o choro pode ser o único meio que a criança encontra em determinada situação. Se não sabemos lidar com isso e cedemos, esse passa a ser seu recurso preferido, afinal, ela sabe que dá resultado. Cabe aos pais ensiná-las a agir de modo diferente, não aceitando a chantagem emocional. Ceder ao choro pode solucionar uma dificuldade imediata, mas cria um problema constante. Situações assim precisam ser corrigidas o mais cedo possível; quanto mais tarde, mais difícil mudará.

Contudo, nem sempre o choro é uma chantagem. Ele é também a forma franca de expressão dos sentimentos que, por muitas vezes, são sufocados. É natural que a criança chore em reação a uma bronca, um castigo ou outra coisa que a magoe. No entanto, alguns pais não suportam o choro dos filhos, seja pelo motivo que for. Mesmo em situações justificáveis, exigem que eles parem de chorar a todo custo, o que aumenta a raiva da criança, fazendo-a chorar mais ainda e prolongando a situação.

Há uma expressão muito comum, que virou quadro de humor na televisão. Quando o filho chora, o pai ou a mãe diz com firmeza "Engole o choro, menino", e ele ainda escuta que "homem não chora".

Isso é, na verdade, um absurdo. Não é justo obrigar uma criança a sufocar o que está sentindo. Não se abafa um sentimento como se tampa uma panela de pressão, porque de alguma maneira ele se manifestará, mesmo que não seja visível. O que não pode explodir, acaba implodindo.

Quando conseguimos ter controle, paciência e compreensão, reconhecendo os sentimentos da criança e permitindo que ela se expresse, a situação se resolve muito mais rápido. Muitas vezes o problema se prolonga exatamente porque tentamos reprimi-lo.

Quando recebi, certa vez, uma proposta de trabalho em outra cidade, sabia que teria uma grande batalha pela frente em relação ao meu filho. A ideia de nos mudarmos seria bem aceita por minha filha, porém totalmente rejeitada por ele. Não havia nada decidido ainda, mas eu não queria pegar ninguém de surpresa, por isso resolvi contar tudo. Antes de chamá-los para conversar, me preparei para enfrentar uma oposição.

Ao contar a notícia, não deu outra: meu filho entrou em pânico. Começou a chorar compulsivamente dizendo que não queria ir de forma nenhuma. Não adiantava eu falar sobre as coisas boas que havia naquela cidade porque ele dizia: "Pode ter tudo isso, mas não tem meu avô, minha avó e meus amigos."

Quando percebi que estava começando a ficar irritada não só com o choro, mas também com a inutilidade da minha conversa, parei, fechei os olhos e dei um tempo. Deixei de lado meus argumentos, o abracei e disse apenas que ele tinha razão, que era mesmo muito doloroso deixar as pessoas que a gente ama.

Continuei em silêncio junto a ele, até se acalmar e parar de chorar, o que não demorou muito. Não falamos mais no assunto. Mais tarde, ele chegou até mim perguntando como seria se realmente precisássemos nos mudar. Aos poucos ele foi se acostumando com a ideia. Os planos se modificaram e nós não precisamos mudar, o que o deixou muito feliz, mas, se fosse necessário, não haveria mais resistência.

Com toda a certeza, se eu tivesse batido de frente para convencê-lo à força, ou deixasse minha impaciência tomar vulto e exigisse que ele parasse de chorar, o rumo das coisas teria sido muito diferente. Quando tentamos impedir a manifestação dos sentimentos, procurando acabar com a situação sob pressão e imposição, a única coisa que conseguimos é travar uma batalha longa, cansativa e desgastante para nós e nossos filhos.

É muito comum os pais perderem o controle e, irritados, gritarem com as crianças quando elas choram. Só que, com os gritos dos pais, elas costumam chorar mais ainda e a situação se transforma em uma bagunça. É preciso que alguém pare e deixe as coisas esfriarem. Certamente, quem tem mais condições de agir assim são os adultos.

Se nos deixarmos envolver pelo desespero, nossa casa virará um caos generalizado.

# 16 BRIGAS E GRITOS

Outra dificuldade muito frequente é a de lidar com brigas, gritarias e confusões. Realmente, isso é muito desagradável. Em algumas famílias, a conversa mal começa e as pessoas já estão gritando, todos falam ao mesmo tempo e ninguém ouve ninguém. É impossível compreender alguma coisa dessa maneira. Geralmente, quando os argumentos são fracos, não convincentes, grita-se mais para amedrontar ou impressionar o outro.

Não são somente os pais que intimidam os filhos falando alto ou gritando. Às vezes, acontece o contrário. Os pais é que se sentem acuados com os gritos dos filhos.

Geralmente, as mães são as que se desgastam mais tentando evitar brigas dentro de casa. Não somente entre irmãos, como também entre os filhos e o pai. Ela fica no meio, procura ser a mediadora, controladora, e busca amenizar a situação a todo custo. Muitas vezes colocamos "panos quentes", dando um jeitinho daqui, outro dali, utilizamos até mesmo de mentiras para contornar e acalmar as coisas.

Algumas até assumem a culpa do que não fizeram para evitar confrontos. Se, por exemplo, um dos filhos chega com aquele tom e volume de voz de quem está pronto para briga e pergunta "Quem foi que pegou minha camisa nova?", a mãe vem logo para impedir a confusão, diz "Fui eu. Espere um pouquinho que eu tenho de me lembrar onde a guardei" e sai para procurar.

É normal, principalmente em famílias numerosas, haver brigas e discussões. Contudo, em algumas, as pessoas vivem como se estivessem em guerra. Convivem umas com as outras como se "pisassem em ovos".

Conheci uma mãe que vivia sob tensão constante dentro de casa. Ela dizia que sua sorte era que os horários do marido e dos filhos não coincidiam, pois quando o marido chegava do trabalho, os filhos já tinham saído para a faculdade. Porém, na hora do almoço e ao se aproximar o final de semana, ela ficava muito nervosa, com medo do encontro deles, que só não acabava em briga feia, porque ela ficava por perto controlando uns e outros. Disse-me que já estava muito cansada de ser apaziguadora; ela procurava conversar por várias vezes, mas não obteve êxito nenhum. Tinha de estar sempre presente, pois não sabia o que poderia acontecer caso ela não estivesse. Perguntei se havia risco de eles, seus filhos e seu marido, se matarem em uma discussão. Ela me respondeu, meio assustada, que não, de forma alguma. Eu, então, a aconselhei a dar uma volta, sair de casa, quando percebesse o primeiro sinal de briga entre eles.

Há problemas que não se resolvem por medo das consequências de enfrentá-los. No entanto, evitar um confronto, às vezes, apenas adia uma solução. Abafar um conflito para que ele não venha à tona causa sofrimento permanente. Além disso, as pessoas ficam bem mais à vontade para arrumar confusões quando existe alguém disposto a apaziguar.

Se tentarmos resolver uma situação durante muito tempo, sempre da mesma maneira, e nunca conseguirmos, temos de mudar os métodos. É preciso tentar algo diferente. Não adianta batermos numa mesma tecla o tempo todo, reclamando que não dá certo.

Se fizermos um mesmo papel o tempo todo, de conciliador, por exemplo, e não funcionar, precisamos mudar nossa posição. Se tentamos mudar o outro e não conseguimos, então somos nós que deveremos mudar.

# 17 VALORIZANDO OS SENTIMENTOS

Muitas brigas se prolongam demais justamente porque os sentimentos estão sendo negligenciados.

Em certas polêmicas entre pais e filhos, as duas partes procuram se empenhar em apresentar seus argumentos da forma mais lógica possível para justificar sua posição. No momento da discussão, cada qual se concentra em si mesmo, em seus motivos. Enquanto um fala, o outro está armando sua própria defesa, como se vencesse aquele que argumentasse melhor, aquele que provar ter mais razão. Essas brigas se alongam até que as forças se esgotem e a paciência também, e raramente chega-se a um acordo.

O desfecho da história pode ser completamente diferente se baixarmos a guarda para reconhecer e compreender os sentimentos e os motivos de nossos filhos, sem que seja preciso fazer exatamente o que eles querem, ou mudar uma decisão que já tomamos.

Certa vez, minha filha, então com 8 anos, queria dormir na casa de uma coleguinha, porque as outras amiguinhas também iriam, mas eu não queria deixá-la ir de forma alguma. Por um lado, ela chorava tentando me fazer compreender o quanto aquilo era importante para ela; por outro, eu procurava fazê-la entender minhas preocupações. A confusão rendia muito, até que eu percebi o que ela queria me dizer com estas palavras: "Mãe, você não está entendendo o quanto eu quero ir." Havia um impasse, pois cada uma estava tentando ser compreendida pela outra.

Quando percebi que estava muito concentrada em mim mesma, na minha coerência, nos meus motivos e não nos sentimentos dela, eu lhe disse: "Você está com muita vontade de ir, não é? Suas amiguinhas estarão lá e você não quer perder essa farra. Eu acho que estou entendendo."

Depois disso, foi como jogar água no fogo. Ela parou de chorar e em cinco minutos já estava falando de outra coisa. Eu não precisei mudar de opinião, apenas precisei reconhecer seus sentimentos, que era o que ela esperava que eu fizesse.

Quando os filhos se sentem incompreendidos, eles tentam nos contradizer, opor-se a nós, mesmo quando sabem que temos razão. Se conseguirmos nos colocar em seu lugar, temos mais chance de compreender e reconhecer seus motivos. Isso nos tira da posição de adversários e nos dá mais chance de um diálogo amigável.

Não é fácil, no dia a dia, manter a calma e ser compreensivo. Nos momentos de desavenças, brigas e confusões, nos colocarmos no lugar do outro, e reconhecer e respeitar seus sentimentos é o melhor a fazer. Às vezes, só lembramos de agir assim depois que já "chutamos o balde". Contudo, se houver dedicação e perseverança de nossa parte, com o tempo ficará mais fácil.

## VALORIZANDO OS SENTIMENTOS

Uma mãe me disse, certa vez, que achava injusta a relação entre pais e filhos. Que a compreensão sempre tem de partir dos pais. Que eles estão constantemente tendo de doar e não recebem nada em troca.

Em primeiro lugar, não penso que os pais doam e nunca recebem. Os filhos estão sempre trazendo alegria. Um pai e uma mãe que amam seus filhos, verdadeiramente, não os veem como um peso, ao contrário, sentem uma grande satisfação de tê-los. Apesar de todo o trabalho e preocupação, não conseguem se imaginar mais felizes se não os tivessem. Além disso, há muitos filhos que são mais compreensivos, que lutam mais pela paz na família do que seus próprios pais. Conheço adolescentes que sofrem muito, porque, além de enfrentar suas crises pessoais sem ajuda de seus pais, ainda estão tentando ajudá-los a deixar de beber e de brigar entre eles. Alguns pais se voltam totalmente para seus dramas pessoais, enquanto seus filhos estão sozinhos, levando a vida como podem.

É claro que o melhor que pode acontecer é que todos colaborem para a harmonia. No entanto, o que incomoda algumas pessoas é o fato de elas acharem que estão dando o "braço a torcer" quando parte delas uma atitude mais compreensiva. Com isso, elas se sentem lesadas.

É muito comum entre casais uma situação permanecer sem solução por muito tempo porque ninguém quer ceder, abrir mão, por pouco que seja, em função do outro, para não dar à outra pessoa a ideia de ter prevalecido sobre ela. O que leva a isso, na verdade, é uma grande insegurança.

Quando as pessoas se sentem seguras, conscientes de seu valor, não há disputa ou concorrência na família. Elas sabem que havendo mais harmonia todos saem vencedores. Assim como nas desavenças o prejuízo é de todos, na paz todos ganham, não importa quem der o primeiro passo.

# 18 RESPEITANDO A INDIVIDUALIDADE

Todos merecem respeito, independentemente da idade. Contudo, muitas vezes sem intenção, desvalorizamos e desrespeitamos os sentimentos e a individualidade das crianças de várias formas; por exemplo, quando elas nos contam alguma coisa em segredo e nós tornamos isso público, dando boas risadas. Esquecemo-nos que um dia fomos crianças e que nos sentimos desconcertados ao ver expostos assuntos que para nós eram sérios.

Certa mãe estava contando para outra pessoa alguma coisa que sua filha lhe dissera, em segredo, quando esta chegou e ouviu tudo. Sentindo-se exposta e com vergonha, ela saiu chorando, bastante chateada. Seu irmão, que presenciou toda a cena, comentou: "Os adultos tratam as crianças como se elas não tivessem sentimentos." E muitas vezes isso é verdade.

Quando falamos com uma criança, é importante nos colocarmos à sua altura. É ruim para ela ter de olhar para cima para conversar conosco, isso cria uma grande distância entre ela e nós, entre seu mundo e o nosso. Quando lidamos com seus assuntos, também temos de levar em conta sua realidade, seu universo, de onde ela está vendo, qual a importância e significado que as coisas têm para ela. Assim, poderemos agir com mais respeito e consideração.

Quando eu era criança e queria dizer alguma coisa para a minha mãe, sem que as outras pessoas que estavam perto ouvissem, chegava e falava baixinho ao seu ouvido. Contudo, como era muito tímida, acho que falava baixo demais, porque ela nunca entendia bem da primeira vez e repetia o que achava ter ouvido, para se certificar se era aquilo mesmo que eu queria dizer. Só que ela falava isso no seu tom de voz natural, ou seja, de forma que todos ouviam. Naquele momento, a única coisa que eu queria era morrer. Sentia-me tão envergonhada que, se pudesse, esvaneceria como fumaça.

Minha mãe não procedia assim por mal, não tinha intenção de me expor nem percebia o que eu sentia. Ela agia naturalmente e para ela não tinha nada demais repetir o que eu dizia. No entanto, para mim não podia haver nada pior. O interessante é que, mesmo me sentindo mal com isso, acabei fazendo o mesmo, algumas vezes, com minha filha. Nós temos a tendência de repetir certas atitudes dos nossos pais, mesmo aquelas que não aprovávamos quando crianças. São padrões difíceis de serem rompidos.

Dou graças a Deus porque minha filha fala tudo que sente e me ajuda a corrigir minhas falhas. Quando faço esse tipo de coisa, ela me diz: "Mãe, eu falei baixinho porque não queria que os outros ouvissem."

Se soubermos ouvir mais nossos filhos, aprenderemos a conhecer e respeitá-los melhor. Quando uma criança nos conta um segredo seu, por mais que pareça banal para nós, não é assim para ela. Se não conseguimos compreender isso, perdemos sua confiança.

Atendo uma paciente adolescente que tem muitas colegas, mas nenhuma amiga confidente. Ela não consegue confiar seus segredos a ninguém, principalmente à sua mãe. Quando era pequena, por várias vezes, ouviu sua mãe contando para sua avó e suas tias os segredos que confiara a ela. Com isso, foi aprendendo a se calar, a não contar mais nada que fosse mais íntimo e a não confiar nas pessoas.

Há um desrespeito muito grande por parte dos pais, quando não veem os filhos como indivíduos, separados, com vida própria, e sim como propriedades suas. Sentem-se no direito, por exemplo, de abrir suas correspondências, ouvir suas conversas na extensão telefônica ou ler seus diários. Isso atinge ainda mais fortemente os adolescentes, porque eles têm uma necessidade maior de privacidade. Portanto, as coisas tendem a se agravar mais nessa fase, pois os pais se sentem ameaçados e inseguros com a independência dos filhos.

Nessa fase, os pais começam a perceber que não têm mais o controle sobre eles, e se não estiverem preparados para encarar essa realidade, muitas confusões podem acontecer.

Há um grande desrespeito, também, quando não aceitam as diferenças, quando criticam, muitas vezes até de forma irônica, o tipo de roupa, o corte do cabelo, as preferências musicais, pelo fato de serem diferentes dos padrões usados pelos pais. Não se pode querer que os filhos vivam da mesma maneira e com os mesmos padrões de vinte anos atrás. O mundo vai mudando com o passar dos tempos e precisamos acompanhar isso; caso contrário, haverá uma distância muito grande entre eles e nós.

Muitos pais criticam até mesmo o ritmo dos filhos. Quando o pai ou a mãe são muito elétricos, agitados e fazem tudo correndo, se irritam pelo fato de os filhos não acompanhá-los. Algumas crianças são chamadas de lerdas, moles e preguiçosas simplesmente porque não estão no mesmo ritmo dos pais; devido à pressão, elas acabam se tornando ansiosas.

O que é natural e próprio da criança passa a ter uma conotação negativa, levando-a a se sentir insegura, a acreditar que está errada. Por não entender, respeitar e aceitar uma criança como ela é, muitos vivem dizendo aos filhos coisas como "Este menino é uma peste, não para; que menino danado!". São comuns as comparações que os pais fazem entre os irmãos, levando a inimizades entre eles, competição e sentimento de menos-valia.

Outra paciente foi um bebê muito esperto e saudável. À medida que crescia, tornava-se uma menina ativa e dinâmica que gostava de brincar na rua e subir em árvores. Aprendeu a andar de bicicleta sozinha e antes de sua irmã, que era dois anos mais velha e muito diferente no temperamento: sempre foi mais tímida, calma e bem-comportada. Para os pais, ela tinha um gênio bem melhor, não dava trabalho nenhum, enquanto a irmã caçula "só causava dor de cabeça".

Por volta dos 3 anos de idade, ela começou a ouvir as comparações que seus pais faziam entre as duas, e durante toda a sua vida ouviu coisas como: "Por que você não é como sua irmã mais velha? Com a calma que ela tem, conseguirá tudo na vida, mas você não vai a lugar algum, desastrada desse jeito. Você deveria se espelhar em sua irmã."

Com o tempo, a menina foi se tornando insegura, sem fé em si mesma. Cresceu acreditando que a irmã mais velha era muito melhor, e quanto mais tentava se parecer com ela, mais se sentia frustrada e diminuída.

Hoje, ela tem 18 anos e me procurou porque estava sofrendo de síndrome do pânico. Depois de viver tanto tempo fragilizada e dependente dos outros, ela está, agora, descobrindo a pessoa capaz, talentosa e dinâmica que realmente é.

Certamente, não foi isso que seus pais planejaram. Eles nem mesmo têm consciência de que causaram tanto mal a ela, com tudo que disseram. Precisamos nos conscientizar de que, mesmo sem má intenção, essas comparações são uma forma de desrespeito e causam sérios danos. Um filho não é melhor que o outro; eles são apenas diferentes.

O respeito é uma via de mão dupla, tem de vir de ambas as direções. Se quisermos ser respeitados, precisamos aprender a respeitar e aceitar também.

# 19 NOSSA PREOCUPAÇÃO É MAIS COM O COMPORTAMENTO DO QUE COM OS SENTIMENTOS

Geralmente, nós nos preocupamos muito com os comportamentos, mas ignoramos os sentimentos. Recriminamos e repreendemos determinadas atitudes sem procurar compreender os sentimentos que as motivam.

Certa vez, um adolescente de 16 anos chegou em casa irritado, jogou a mochila no sofá, entrou para o quarto e bateu a porta com força. O pai, mais que depressa, o fez abri-la e perguntou: "O que é que há com você para chegar em casa mal-humorado desse jeito, batendo portas? Você não tem respeito por mim, não?"

E depois de deixar bem claro que respeito era bom e ele o exigia, saiu sem ouvir uma única palavra do filho.

Por ter sentido sua autoridade ameaçada, o pai reagiu de forma que aumentou a distância e as barreiras entre eles, perdendo uma excelente oportunidade de se aproximar, se mostrar amigo e companheiro, de conhecer melhor e participar mais da vida de seu filho. Com a intenção de impor respeito, ele acabou demonstrando que os problemas do filho não lhe

## NOSSA PREOCUPAÇÃO É MAIS COM O COMPORTAMENTO

interessavam. Que o que ele faz questão mesmo é apenas de um bom comportamento.

Nos momentos difíceis dos filhos é que temos de estar mais próximos. Como esperar que eles confiem em nós, que acreditem que podem contar conosco, se demonstramos que só os aceitamos de cara boa ou quando se comportam de maneira adequada? Além disso, nós também perdemos o controle quando estamos com problemas. E não é o fato de eles serem os filhos e não terem as mesmas dificuldades que nós que os torna sem direito a determinadas reações.

Não temos de fechar os olhos para as atitudes erradas e deixar que nossos filhos façam o que bem entendem sem correção. É preciso corrigir, sim, mostrar os erros, educar, impor limites. Entretanto, não podemos nos esquecer que também existem os sentimentos.

Um adolescente teve de ir para a casa da avó porque sua mãe não suportava mais sua rebeldia. A avó, depois de alguns dias de convivência com ele, também não o quis. Só que nenhuma das duas percebeu que havia sentimentos movendo aquele comportamento.

Ele vivia com os pais, até que estes se separaram quando ele tinha 5 anos de idade. Sua mãe mudou de cidade e o levou, contra sua vontade. Ele adorava o pai e não queria deixá-lo. Depois de tantas mudanças e perdas, seu comportamento começou a mudar. Quando cresceu um pouco mais, pediu para passar uns tempos com seu pai. Chegando lá, foi surpreendido com o fato de ele já estar casado novamente e com outro filho ainda novinho. Para agravar a situação, a segunda mulher de seu pai não quis que ele ficasse, por isso teve de voltar, porém, mais revoltado do que antes. Ele estava passando de um lar para o outro, sem que ninguém desse conta de que se tratava de uma criança e que tinha sentimentos. Quanto mais rejeitado, mais agressivo ele ficava, e somente seu comportamento inconveniente era percebido. Quando o conheci, ele tinha 17 anos e morava num quartinho no quintal da casa da avó, mas esta não interferia mais em sua vida — ou seja, ele vivia só.

Antes de criticar um comportamento, é preciso compreender os sentimentos.

Nós julgamos as reações de forma muito superficial. Não procuramos entender suas razões. Uma criança pode dar um tapa em outra, por exemplo, porque naquele momento esse foi o único recurso que ela encontrou para defender o que é seu. É claro que isso não torna válida a agressão, mas também não quer dizer que ela seja má, covarde e cruel.

Julgamos pelo que vemos e por isso cometemos muitas injustiças. Nem tudo é o que parece. Muitas vezes, as pessoas agridem por defesa, atacam por medo, ignoram os outros por acreditarem que serão ignoradas, agem com arrogância e superioridade por se sentirem inferiores.

Um menino de 9 anos de idade estava causando muitos problemas em sua sala de aula. Não deixava os colegas em paz, vivia implicando e agredindo tanto os alunos quanto os professores. O conceito que todos tinham a seu respeito era de um garoto estúpido, mau e agressivo. Ninguém o suportava e sua presença atrapalhava o rendimento de toda a turma.

Contudo, o que acontecia, na verdade, era que ele se sentia muito rejeitado, desde bem pequeno, por ter sido adotado. Ele acreditava que, se nem mesmo sua mãe o aceitava, ninguém mais o aceitaria. O fato de ele ter sido recebido numa nova família não era bastante para desfazer essa crença.

Na tentativa de evitar a dor de ser rejeitado pelos colegas e professores, como já esperava que fosse, ele os rejeitava primeiro. Por consequência do seu comportamento, os outros realmente acabavam por rejeitá-lo. Com isso, sua teoria se confirmava e a situação se transformava em uma bola de neve. Ele agredia e era rejeitado, o que o levava a agredir mais ainda. Essa era a única forma pela qual ele conseguia se defender da dor, apesar de isso lhe causar mais dor ainda. É claro que tudo isso acontecia sem que ele tivesse consciência. Há sempre uma intenção positiva por trás de um comportamento, mesmo que ele pareça muito negativo.

Jesus nos ensinou a não julgar (veja Mateus 7:1). Essa função é de Deus, porque somente Ele entende as verdadeiras intenções do coração. Cometemos muitas injustiças, diariamente, ao julgarmos, pois o nosso julgamento é baseado nas aparências, na superfície.

# 20 A CONSCIÊNCIA DO ERRO

Temos de entender a intenção do comportamento da criança para podermos ajudá-la a ter consciência de seus atos e sentimentos. Só assim ela poderá aprender a utilizar outros recursos para resolver aquela situação.

Uma criança que agride outra por causa de um brinquedo está tentando preservar o que é seu. Chamá-la de egoísta só a fará sentir-se pior. O que ela precisa é aprender que há meios mais civilizados para resolver esse problema. Não conseguiremos ensiná-la apenas repreendendo bruscamente seu comportamento, é necessário que ela compreenda seus próprios sentimentos e motivos para que possa mudar de forma consciente.

Deus nos ensina, por intermédio de várias passagens bíblicas, a importância da consciência no concerto de erros. Antes de mostrar o que deve ser feito, é preciso olhar os acontecimentos, entender os sentimentos e examinar as atitudes para poder acertar.

Sara, mulher de Abraão, por não poder ter filhos, entregou a seu marido sua serva Hagar como mulher, e esta engravidou. Porém, depois de ter concebido, a serva desprezou sua senhora. Ela achou que, por ter engravidado, teria mais valor que sua senhora, que era estéril, e acabou sendo expulsa por causa disso.

Hagar saiu completamente desorientada, sem rumo, e foi encontrada por um anjo no deserto. A pergunta do anjo a ela foi: "Hagar, serva de Sarai, de onde você vem e para onde vai?" (Gênesis 16:8).

Pela forma que o anjo se referiu a ela, fica claro que ele já sabia tudo a seu respeito, portanto sua pergunta não era para esclarecer-lhe algo, foi apenas para levá-la a tomar consciência do que estava fazendo. Para fazê-la pensar, refletir sobre os motivos que a conduziram ali e aonde ela pretendia chegar.

O anjo não chegou criticando, nem a condenando por ter dado motivos para ser desprezada por sua senhora. O que ele fez foi lhe dar oportunidade de rever sua situação, desabafar, acalmar-se e se conscientizar do que fizera. Só depois lhe disse o que deveria fazer para corrigir seu erro:

[...] Volte para sua senhora e sujeite-se à autoridade dela.
[...] Eu lhe darei tantos descendentes que será impossível contá-los. (**Gênesis 16:9-10**)

O que o anjo fez com Hagar é o que devemos fazer com os nossos filhos para ajudá-los a conhecerem melhor a si mesmos, a compreenderem suas atitudes e poderem mudar de forma consciente. É preciso ajudá-los a pensar sobre o que fizeram, e não simplesmente castigar e criticar suas ações.

Outro exemplo que deixa bem claro tudo isso é a passagem que conta sobre quando o profeta Elias enfrentou

Acabe, rei de Israel, sozinho, com muita coragem e fé, depois de já ter conseguido salvar cem profetas do Senhor das mãos de Jezabel, esposa de Acabe.

Quando esse rei de Israel disse a Elias "É você mesmo, perturbador de Israel?", Elias, sem medo, com intrepidez lhe respondeu:

> Não causei problema algum a Israel, [...] o senhor e sua família é que são os perturbadores, pois se recusam a obedecer aos mandamentos do Senhor e, em vez disso, adoraram imagens de Baal. Agora, convoque todo o Israel para encontrar-se comigo no monte Carmelo, além dos 450 profetas de Baal e os 400 profetas de Aserá que comem à mesa de Jezabel. (**1Reis 18:17–19**)

Diante de todo o povo, Elias corajosamente desafiou os profetas de Baal, demonstrando o poder do Deus vivo e verdadeiro e depois ordenou que o povo matasse todos os profetas idólatras.

Quando Jezabel soube do acontecido, mandou um mensageiro dizer a Elias que o mataria, e ele se desesperou com a ameaça, fugindo para o deserto. Sentado debaixo de um zimbro, ele disse a Deus: "Já basta, Senhor [...] Tira minha vida, pois não sou melhor que meus antepassados [...]" (1Reis 19:4).

Então lhe apareceu um anjo, que lhe deu o que comer e beber, deixando-o dormir em seguida. Esse anjo voltou pela segunda vez, o acordou dando-lhe novamente o que comer, dizendo-lhe que ele precisaria se fortalecer para uma longa viagem. Depois de caminhar quarenta dias e quarenta noites, ele chegou ao monte Horebe, onde Deus lhe pergunta, por duas vezes: "O que você faz aqui, Elias?" (1Reis 19:9).

Mais uma vez a pergunta, aparentemente, parece desnecessária, porque Deus sabe de todas as coisas. Contudo, essa pergunta tem o mesmo propósito que a feita a Hagar, ou seja, de levá-lo à consciência do que estava acontecendo. E assim Elias, por duas vezes, teve a oportunidade de relatar o que acontecera.

Se fosse um de nós que tivesse encontrado Elias, sabendo o que havia acontecido, é bem provável que, analisando superficialmente sua atitude, dissesse: "Como é que você faz um negócio desse, rapaz, depois de enfrentar tanta gente, agora você corre de uma mulher? Que covardia é esta, onde é que está a sua fé?"

No entanto, como Deus entende o que se passa no coração do homem e se preocupa com seus sentimentos, Ele age de modo diferente. Ele entendeu que a atitude de Elias não era covarde, porque ele já provara sua coragem e fé, mas certamente era consequência do estresse, do esgotamento causado por tanto trabalho e luta. Isso fica claro quando o anjo o alimenta primeiro e o deixa dormir. O alimento e o sono são as primeiras coisas que uma pessoa esgotada e estressada precisa para recuperar suas energias. Depois de ajudar Elias a recuperar suas forças e de lhe dar um tempo caminhando sozinho é que Deus começa a conversar com ele. E somente depois de deixá-lo contar tudo, por duas vezes, é que lhe diz para voltar, orientando-o no que deveria fazer. Deus compreendia que Elias precisava desabafar, por isso lhe deu chance de falar bastante.

Elias não foi condenado ou criticado por Deus. Ele teve a oportunidade de parar e pensar no que o levou até aquela situação e, depois disso, estava pronto para voltar e retomar sua obra.

O cansaço, as preocupações, os compromissos, muitas vezes nos levam a agir de maneira errada, até mesmo agressiva e intempestiva. Quando isso acontece e alguém nos critica, nos sentimos muito piores. Certo dia, eu estava muito mal devido a alguns problemas pelos quais passava. Meus sentimentos estavam estampados em meu rosto. Uma pessoa bem próxima, ao me ver, disse que eu estava com uma aparência muito depressiva e que isso incomodava os outros, que eu deveria mudar minha expressão. Sua observação me deixou muito pior, pois em nenhum momento ela me perguntou o que estava havendo comigo.

Críticas dessa forma mostram o incômodo de nosso comportamento, mas não o interesse pelo que estamos sentindo. Quando se trata dos nossos filhos, nós geralmente nos esquecemos disso. Achamos que, porque eles não trabalham ou não têm as nossas preocupações, não têm motivos para se irritarem e agirem de forma explosiva, ou de qualquer outra maneira que reprovamos. Reagimos a seus comportamentos de forma repressora e crítica, chamando-os de rebeldes, mal-criados, mal-humorados e outras coisas mais.

Elias foi um grande homem de Deus, tão especial que foi arrebatado. Deus sabe reconhecer o valor de Seus filhos e compreender as suas fraquezas. Ele se interessa pelo que se passa em nosso coração. No entanto, nós sabemos pouco a respeito disso. Nossos filhos nos dão muitos motivos de alegria, mas quando cometem um erro, esquecemos todo o seu caráter e os julgamos apenas por aquele momento, muitas vezes impiedosamente, dizendo coisas que ferem e contaminam sua própria imagem.

## A CONSCIÊNCIA DO ERRO

Julgamos, rotulamos, acusamos e decretamos nossa sentença pelo que vemos, pelo que parece, sem tentar entender o que se passa no íntimo. Mas o Senhor enxerga de modo diferente:

> [...] O Senhor não vê as coisas como o ser humano as vê. As pessoas julgam pela aparência exterior, mas o Senhor olha para o coração. (**1SAMUEL 16:7**)

Precisamos aprender com Deus a olhar mais para o que está no coração e não apenas o que está diante dos nossos olhos. Precisamos aprender a ser menos autoritários e mais compreensivos, menos juízes e mais amigos, ajudando nossos filhos a entenderem suas ações, a serem mais conscientes, aprendendo a mudar determinadas atitudes e preservando uma boa imagem de si mesmos.

# 21 O QUE OS OUTROS VÃO PENSAR?

Uma das coisas que nos impulsionam a bater em uma criança, antes mesmo de compreender exatamente o que aconteceu, ou antes de pensar na alternativa, é também a necessidade de dar satisfação aos outros. É a preocupação com o que os outros pensam.

Quando seu filho está brincando com o filho de sua amiga, enquanto vocês estão conversando, e o filho dela chega chorando, e reclama que o seu lhe fez alguma coisa, é comum você sacudir o seu filho pelo braço e colocá-lo de castigo, antes mesmo de saber direito o que houve, pois você fica sem graça diante de sua amiga. Se seu filho tiver suas razões para isso, ele entenderá que sua amiga foi mais importante para você do que ele.

Geralmente, se estamos dentro de uma loja ou num supermercado e a criança apronta alguma travessura, faz uma pirraça ou esperneia pedindo o que não podemos comprar, as pessoas que estão perto nos olham como se quisessem nos passar a seguinte mensagem: "Ah! Se fosse meu filho, eu já teria lhe dado umas palmadas." Se nos concentrarmos mais na reação dos outros do que em nós mesmos, se dermos mais importância ao que as outras pessoas pensam do que ao que achamos correto fazer, seremos levados a agir como os outros esperam. Em momentos como esse, a calma e a neutralidade são difíceis, mas imprescindíveis. Quanto mais nos deixarmos envolver pela situação, mais raiva sentiremos, correndo o risco de sermos perigosamente agressivos.

Nosso filho é mais importante que a plateia que nos observa. Não temos de agir contra ele para satisfazer aos outros.

## 22 O EXEMPLO FALA MAIS ALTO

Certa vez, uma mãe ficou irritada quando viu seu filho, de 5 anos de idade, empurrando o coleguinha, de 3 anos, porque este pegara seu carrinho. Contudo, antes de procurar saber qual foi o motivo da reação, bateu em seu filho, dizendo que ele era um menino muito mau e que bater em alguém menor era covardia.

Preocupamo-nos com o comportamento dos nossos filhos e, às vezes, esquecemos de observar o nosso próprio comportamento. Não se ensina boas maneiras apenas com palavras e belos discursos. Nossas atitudes falam muito mais alto. Não creio que seja fácil para uma criança compreender que foi covardia bater em alguém menor, enquanto está apanhando de alguém maior ainda que ela. Como podemos imaginar que conseguiremos ensinar que agressão é um erro, agindo de maneira mais agressiva que a criança?

Muitas vezes, castigamos um filho por atitudes que nós mesmos ensinamos. Algumas crianças apanham quando gritam com sua mãe, mas foi dessa forma que elas viram seu pai agir a vida toda. Ou sua mãe sempre lhe falou aos gritos. Se os adultos só tratam uns aos outros com agressividade, não há como os filhos serem mansos e serenos, educados e calmos. Não há como exigir que seu filho fale baixo com você se você sempre se dirige a ele aos berros.

As crianças aprendem com o que observam nos adultos. Algumas levam um tapa na boca por dizerem mentiras, mas estão cansadas de ouvirem sua mãe dizer "Se o telefone tocar diz que eu não estou; se a vizinha perguntar por mim, diz que eu fui dormir", e isso não é considerado mentira, ou é apenas uma mentirinha inocente, sem importância. No entanto, mentira é mentira e, com exemplos como esses, ensinamos as crianças a fazerem o mesmo.

Às vezes, só percebemos que algo é prejudicial depois que o hábito já está enraizado e se torna difícil modificá-lo. Muitas crianças sofrem devido à obesidade, e de cada dez delas, nove aprenderam os maus hábitos alimentares com seus pais.

Há pais que se preocupam muito em falar a seus filhos sobre honestidade, mas se vão a um restaurante, por exemplo, e o garçom dá o troco a mais, eles não dizem nada, guardam o dinheiro e se divertem com a vantagem que levaram. Outros ensinam sobre lealdade, sinceridade e amizade, mas vivem falando mal e criticando alguns "amigos" pelas costas e quando estão junto a eles, os tratam com toda simpatia. Os adultos não percebem, mas as crianças observam tudo isso.

Se quisermos educar bem, precisamos observar a nós mesmos. O nosso testemunho é a melhor lição.

Jesus disse: "[...] Deixem que eu os ensine, pois sou manso e humilde de coração [...]" (Mateus 11:29). Ele não disse para seguirmos apenas as suas palavras, mas também o seu exemplo. Não ensinou apenas por intermédio de pregações, mas de seu agir, e nos disse para seguirmos os seus passos porque tinha confiança no modelo que nos deixou. Será que podemos dizer a nossos filhos, com a mesma confiança, que podem seguir nosso exemplo em tudo?

# 23 AUTOESTIMA

Na fila do caixa de uma loja, numa véspera de Natal, havia uma mulher com um garotinho de mais ou menos 6 anos de idade. Como o movimento estava muito intenso e tinha muita gente à sua frente, ela pediu ao menino que fosse para o caixa do outro lado, para ver qual desocupava primeiro. Ele obedeceu, mas em seguida voltou para perto dela dizendo que não queria ficar lá. Estava claro que ele estava com medo de ficar sozinho, no meio de toda aquela gente. Contudo, a mãe não se deu conta disso. Ela o puxou pelo braço, o colocou à sua frente e disse: "Você é um imprestável mesmo, não serve nem para ficar em uma fila para mim."

Quando ouvimos os outros dizerem coisas assim, nos revoltamos e percebemos como isso dói, mas temos pouca consciência de que nós também dizemos.

Uma criança não tem uma autoimagem formada, ela não sabe o que pensar de si mesma, se é boa ou ruim, se é inteligente ou burra. Aos poucos é que os conceitos vão sendo construídos, principalmente pelos seus relacionamentos familiares, da forma que seus pais a veem, e também com o que eles dizem a ela.

Muitas vezes, ao ensinar uma lição de casa a uma criança, se diz: "Deixe de ser burra, preste mais atenção e veja se aprende isto."

Quando alguém diz "Deixa de ser burra", quer, na verdade, que ela aprenda, mas suas palavras estão dizendo que a vê como burra, e isso causa bloqueio na criança. Ela se sente insegura, incapaz para aprender e não aprende mesmo. Com agressão, pressão e palavras negativas só se consegue criar mais obstáculos.

Uma professora me contou que, certa vez, foi chamada por um pai para dar aulas particulares para sua filha de 10 anos de idade. Ele já desistira de mantê-la na escola, pois ela não conseguia sair do primeiro ano e perdera o período letivo por três vezes consecutivas. O pai disse à professora que sua filha era muito burra e incompetente, mas que ela ia ter de aprender, custasse o que custasse, porque ele não queria que ela tivesse a mesma vida difícil que ele teve por falta de estudos.

Certamente, ele devia ter seus traumas e revoltas, o que o tornava um homem bruto e agressivo. Apesar de suas intenções positivas, ele agia de modo que causava um efeito contrário ao que desejava, tornando as coisas muito mais difíceis para a filha.

A professora combinou em dar as aulas, todas as tardes, na casa dele. E, logo no primeiro dia, percebeu o nervosismo e a dificuldade daquela criança. Ela não conseguia prestar atenção a nada e toda hora olhava para a parede que estava atrás da professora. Ao perceber o olhar amedrontado da menina, ela se virou para ver se descobria o que lhe chamava tanto a atenção. Compreendeu tudo quando viu um chicote que o pai mantinha pendurado. Como ele não estava em casa, a garota pôde contar como ele lhe ensinava os deveres.

Não é para menos que ela não conseguia aprender, já que cada erro era punido com uma chicotada. Quanto maior o medo de apanhar, menos conseguia aprender e mais apanhava. Revoltada, a professora foi imediatamente conversar com o pai e lhe explicar a gravidade dos seus atos, que não apenas eram responsáveis diretamente pelo bloquei da filha, como eram passíveis de punição legal, pois a violência física contra crianças é crime. A professora disse que só voltaria a dar aulas para a menina se o pai retirasse o chicote da parede e nunca mais batesse na filha. Com um bom tempo de trabalho, essa professora conseguiu ajudar sua aluna a confiar em si mesma, a recuperar sua autoestima e a aprender normalmente.

É muito triste saber como há tantas crianças que sofrem, tendo a vida arruinada pela estupidez e inconsciência de seus pais. No entanto, não é somente com atitudes tão drásticas assim que nós as prejudicamos. Há muitas coisas que fazemos e que dizemos, no dia a dia, que podem prejudicar uma criança muito mais do que imaginamos.

Nas confusões diárias, quando dizemos a um filho "Deixe de ser bagunceiro e arrume as suas coisas", ou então "Você é um irresponsável, não cuida nem dos seus estudos", estamos, na verdade, dizendo-lhes que são bagunceiros e irresponsáveis, que é dessa forma que os vemos. Não estamos lhes falando de uma atitude errada que precisa ser mudada, e sim, do que eles são, da pessoa deles. Isso os leva a ter um conceito muito negativo sobre si mesmos, a acreditar que são assim. Como nós vivemos de acordo com o que cremos, por conseguinte, eles se comportarão como irresponsáveis e bagunceiros.

Mudar um comportamento não é tão difícil, mas ter de se transformar por completo é desanimador. Quando alguém se acha um lixo ou uma droga, perde toda a motivação e ânimo para tentar acertar.

Esse tipo de discurso só traz prejuízo. Utilizamos o método errado quando rotulamos os filhos de modo negativo. Quando eles deixam de cumprir com suas responsabilidades ou fazem coisas que não deveriam, temos de falar a respeito dessas atitudes, mostrando o que precisa ser feito, e não de seu caráter, de forma que prejudique sua autoconfiança.

Vê-los de forma ruim e esperar deles o pior faz com que eles se vejam e esperem o mesmo de si próprios. Se você quer ver seu filho para cima, não pode jogá-lo para baixo. Se quer que ele seja competente, precisa ajudá-lo a crer em si mesmo, e não depreciá-lo. Uma criança se empenha em algo quando acredita ser capaz.

Se a criança faz algo que realmente o decepcionou e você diz "Que decepção! É só isso que eu posso esperar mesmo, você só me envergonha!", você conseguiu mostrar que suas expectativas em relação a ela são as piores e lhe tirou todo o ânimo para ser melhor.

Isso não significa que você tenha de elogiar atitudes erradas ou que não tenha o direito de se decepcionar com alguma coisa que seu filho faça. Contudo, se demonstrar sua decepção pelo que ele fez e não pelo que ele é, certamente a conversa terá outro efeito. É preciso separar a atitude da criança de seu caráter, e não humilhar, para que ela perceba que seu comportamento não foi bom, mas que ela não é uma pessoa má, para que ela não se sinta um caso perdido.

Em dada situação, um menino ficou muito bravo quando viu seu carrinho com um coleguinha e foi logo pegando-o de volta. Sua mãe, então, lhe disse: "Você é um menino mau e egoísta, não sabe dividir suas coisas." Uma garota, outro dia, chegou da escola irritada e o pai lhe disse: "Deixe de ser grosseira, menina."

É normal, em determinada fase, a criança não querer dividir suas coisas, isso não faz dela uma criança egoísta, assim como uma resposta ríspida não a torna uma pessoa grosseira. Se quisermos que as crianças aprendam algo ou mudem um comportamento, não devemos ferir seu caráter ou abalar sua autoestima. Se seu filho deixa o material escolar espalhado, você terá um resultado muito melhor se disser a ele: "O material escolar tem de ser guardado."

Só traz prejuízos aquele discurso que diz: "Quantas vezes eu vou ter de dizer para você guardar isso? Será que você não vai ser caprichoso nunca?"

Uma garotinha estava usando, em casa, a sandália nova que a mãe lhe comprara recentemente. Ao ver a menina, a mãe foi logo dizendo: "Você quer mesmo acabar com a sandália novinha, não é? Isso é porque você não dá nenhum valor ao dinheiro que eu me sacrifico tanto para ganhar."

E a ladainha continuou. Seria muito mais produtivo e menos desgastante e depreciativo se ela dissesse apenas: "Filha, a sandália nova é para passear, vá guardá-la."

Geralmente, nós utilizamos um tempo enorme fazendo discursos sem resultados. Falamos sobre o nosso trabalho, responsabilidades, desgaste e a falta de consideração dos filhos e, com o passar do tempo, esse discurso nem é ouvido mais. Para quem fala é um desabafo, e para quem ouve, uma tortura, por isso, com o tempo, basta que a primeira palavra do costumeiro sermão seja dita, para que a audição dos filhos se interrompa e eles fiquem surdos naquele momento. Se nós atacamos, eles se defendem, respondendo agressivamente ou não levando em consideração o que se está dizendo, e a mãe passa a falar sozinha.

Não é pelo muito falar que somos ouvidos, mas pela forma como falamos e pela relação respeitosa que construímos com as crianças, que passam a confiar que o que dizemos é realmente importante e para o bem-estar delas.

# 24 RECONHECENDO O LADO BOM

É importante, sempre que possível, reconhecer algum valor na atitude da criança.

Meu filho é muito insistente, quando ele quer alguma coisa, não desiste fácil. Algumas vezes eu o chamei de teimoso, até que percebi que estava agindo errado. Um dia, ele me pediu algo que naquele momento eu não tinha condições de dar, e por isso ele começou sua batalha para conseguir. Quando percebi que a raiva estava tomando conta de mim e que eu perderia a paciência com sua insistência, respirei fundo e, para minha própria surpresa, comecei a lhe dizer que admirava muito sua persistência, que uma de suas grandes qualidades era ir à luta pelo que queria, afinal, não se vence na vida desistindo no primeiro obstáculo, só que, naquele momento, queria que ele entendesse que não poderia mesmo lhe dar o que ele me pedia.

Depois que terminei de falar, agradeci a Deus pela luz que Ele me dera, porque, pelo andar da carruagem, pela irritação que estava crescendo dentro de mim, o desfecho da história não seria dos melhores. Certamente, daria um basta na conversa de forma a deixá-lo com raiva e sairia me sentindo muito mal.

Por fim, ele me olhou calmamente e disse: "E quando você tiver condições, você me dá?"

Respondi-lhe que quando pudesse, o avisaria. Conseguimos entrar num acordo, de forma que mantive a minha palavra, e ele a dele. Eu não tive de recuar, e ele também não desistiu do que queria, apenas aceitou um adiamento. Além disso, ele saiu com uma boa imagem de si mesmo.

É importante procurarmos outro sentido para as reações da criança, de forma que ela se sinta valorizada, utilizando palavras positivas, que acrescentem algo de bom ao conceito de si própria.

> Evitem o linguajar sujo e insultante. Que todas as suas palavras sejam boas e úteis, a fim de dar ânimo àqueles que as ouvirem. (**Efésios 4:29**)

Houve uma época em que eu cobrava demais, principalmente do meu filho; vivia apontando as falhas, corrigindo seus erros e mostrando seus defeitos. Uma vez, fui surpreendida com um desabafo dele, que me disse: "Puxa vida, mãe, será que eu não vou conseguir nunca agradar você?"

Apontamos os erros na tentativa de incentivá-los a melhorar, contudo, a criança pode entender isso como uma insatisfação nossa em relação a ela, como se conseguíssemos ver apenas seus defeitos.

Alguns pais *só* conseguem se fazer presentes para corrigir, e as crianças percebem que *só* conseguem ser vistas

## RECONHECENDO O LADO BOM

pelo que fazem de ruim, tornando-se, então, especialistas em rebeldia.

Se realçarmos o que é *bom*, ela acreditará em si mesma e dará o que tem de melhor. Cada pessoa, por pior que pareça, tem algo de *bom* para dar. O bem e o mal estão dentro de nós. Se realçarmos o lado ruim, será ele que prevalecerá. No entanto, se reconhecermos as qualidades, elas passam a ficar em evidência e os defeitos tornam-se menores.

Em uma escola de zona rural, havia dois irmãos, já rapazes, que eram conhecidos por todos como maus elementos. Por causa deles, nenhuma professora conseguia ficar na escola por mais de um mês, pois eles amedrontavam todas elas. É claro que essa situação afetava o rendimento de todos os outros alunos que queriam estudar, mas que não podiam fazer nada a respeito.

Certo dia, chegou uma professora dizendo que tinha vindo para ficar e conseguiu surpreendê-los. Acostumados a serem tratados com distância e medo por todos os outros, esta foi logo se aproximando e os tratou com a mesma atenção e carinho que tratava os outros alunos, sem se importar com o conceito prévio que os outros lhe tentaram passar a respeito deles. Durante as aulas, ela elogiava seus acertos e reconhecia suas qualidades. Sentava perto deles e explicava a lição, sem nenhuma distinção. Em uma das festas da escola, em que havia sempre um baile, os dois estavam lá, num canto, sozinhos, como sempre. Para a admiração de todos, a professora os tirou para dançar, e eles se divertiram a festa toda.

Com o carinho, o respeito e a admiração dessa professora, os dois irmãos começaram a se ver de forma diferente e, pouco a pouco, o comportamento deles mudou. Passaram a respeitar a si mesmos, à professora e aos colegas, assim como eram respeitados por eles também. Integraram-se à turma, deixando de ser vistos como os marginais do lugar.

Com as críticas nós humilhamos, fazemos a criança se sentir para baixo e pequena, criamos um sentimento de revolta e mal-estar, diminuindo sua autoestima e sua fé em si mesma. Isso pode levá-la a uma atitude radical, pois se ela não consegue sobressair e ser reconhecida como boa, então só resta tentar chamar a atenção como a pior.

# 25 CRÍTICAS E CORREÇÕES

Quando sua filha chega da escola, lhe mostra a redação que fez e você lê corrigindo os erros de português, as pontuações ou a letra que poderia ser melhor, é frustrante. Da próxima vez, ela não lhe mostrará nada. É claro que podemos e devemos ajudar nossos filhos a serem melhores, a corrigir seus erros, mas nossa tendência é olhar, antes de tudo, para as suas falhas, para o que precisa ser aperfeiçoado.

Se reconhecermos o valor do que eles fizeram, o que é positivo, eles se sentirão mais seguros e mais receptivos a compreenderem onde precisam melhorar. Quando elogiamos, reconhecendo o que é bom, mesmo com algumas falhas, a criança tem vontade de fazer melhor da próxima vez.

Algumas crianças chegam em casa felizes, com o boletim na mão, ansiosas para mostrar que tiraram oito na média. No entanto, sua alegria termina quando a mãe olha o resultado e diz: "É, mas podia ser melhor. Nota boa é dez, afinal você não faz mais nada na vida a não ser estudar."

Não somos perfeitos, mas exigimos perfeição. Com a intenção de sempre corrigir, muitas vezes acabamos com a alegria dos filhos e, sem perceber, os afastamos de nós. Existem pais que censuram e criticam tudo, só conseguem ver as coisas de forma negativa, depreciativa, e acabam com a festa dos filhos. São aqueles que, quando o filho chega todo eufórico mostrando o presente que ganhou do amigo oculto na escola, olham e dizem: "É só isto que você ganhou? Eu lhe falei para não comprar um presente bom, porque ninguém dá nada que presta aos outros."

Quando o filho conta sobre um amigo novo, que ele acabou de conhecer, eles recomendam: "Muito cuidado com este negócio de amigo, hoje em dia ninguém pode confiar em ninguém."

Conheço um rapaz que durante toda a vida foi tão alertado pelo pai sobre amizades e que era melhor andar sozinho do que mal acompanhado, que nunca teve um amigo verdadeiro, pois o pai encontrava um defeito em todos que ele conhecia.

Para esses críticos exagerados, se o filho chega a casa com uma fruta, que ele mesmo tirou lá da árvore, eles dizem apavorados: "Você ainda vai cair daquela árvore, eu estou vendo a hora em que vou pegar você todo quebrado depois de ter despencado do galho." Se a escola programa uma excursão de fim de ano e o filho pede para ir, ouve a resposta da seguinte maneira: "Fique quieto em casa, menino, não me traga mais dor de cabeça, não procure encrenca. Você não está vendo quanta gente tem morrido nas estradas?"

Se o filho conta que a professora o colocou de castigo, os pais, antes de perguntar o motivo, dizem logo: "O que você

## CRÍTICAS E CORREÇÕES

fez desta vez? Certamente deve ter dado um bom motivo para isto." Quando a menina vem toda feliz para mostrar a boneca linda que ganhou da tia, a mãe diz: "Pena que não vai durar muito, você não tem capricho."

Certas coisas que dizemos só despertam raiva e aumentam a distância. Muitas vezes, os filhos param de compartilhar seus assuntos com os pais porque já sabem o tipo de resposta que terão. É desanimador conversar nesse nível, pois há palavras que saem da boca dos pais apenas para ferir e afastar os filhos.

Deveríamos fazer constantemente a oração que Davi fez: "Assume o controle do que eu digo, Senhor, e guarda meus lábios" (Salmos 141:3).

Quando condenamos e criticamos, criamos uma barreira na comunicação e impedimos a confiança. E se, por acaso, algum dia eles se virem envolvidos numa situação muito complicada, ou fizerem algo de muito errado, não será para nós que contarão.

Muitas vezes, as críticas são movidas pela ansiedade dos pais. Eles querem seus filhos cada vez melhores e acreditam que, se corrigirem tudo, conseguirão aprimorá-los.

É um motivo de alegria para o filho que seus pais o acompanhem em determinadas atividades, como assisti-lo jogar uma partida de futebol, por exemplo. Ele procura dar o melhor de si para seus espectadores favoritos, contudo, alguns pais acabam "pisando na bola", principalmente se seu sonho era o de ter sido um grande jogador, ou campeão de alguma forma.

Nesses casos, geralmente, o pai fica do lado de fora do campo gritando: "Preste atenção, filhão, olha o contra-ataque, aumenta a velocidade!" Isso deixa a criança mais apreensiva do que o normal e, como se não bastasse, ao final do jogo o pai diz: "Parabéns, filho, você estava muito bem, só precisa melhorar o preparo físico, ser mais atencioso na hora da defesa, ter mais criatividade no ataque, saber aproveitar melhor as oportunidades, não perder tantos passes, mas do resto, você está bem."

Mas, que resto? Depois de tanta crítica, a vontade da criança é de nunca mais olhar para uma bola.

Isso é decepcionante. O menino fez o melhor que pôde, mas não é um craque — e, mesmo que fosse, os craques não são perfeitos. Todas essas dicas de como ser melhor só desanimam, tiram a motivação, e o interesse pelo que estava fazendo. Vencer e ser melhor passam a ser uma obrigação, e o que antes era agradável, passa a ser motivo de tensão.

Se esse pai não depende do desempenho do filho para se sentir realizado, ele conseguirá reconhecer e valorizar o seu esforço, se orgulhará dele, independentemente dos resultados. Não importa quantos gols ele perdeu, certamente ele queria fazer muitos e se empenhou para isso.

Se a criança se sente reconhecida, valorizada e aceita, ela gostará de si mesma e terá confiança para continuar tentando, sem ter de provar nada para ninguém. É disso que ela precisa para ser melhor a cada dia.

Quando uma criança ouve críticas o tempo todo, ela desanima, desiste de tentar ser boa. É como se tivéssemos criado um alvo elevado demais para ela atingir.

Há coisas que as crianças fazem e que os adultos acham ridículo, deixando clara a sua opinião, sem perceber que a visão da criança é diferente. Quando avaliamos de

## CRÍTICAS E CORREÇÕES

forma negativa o que a criança fez, ela perde a confiança em si mesma.

Uma garotinha de 9 anos de idade, aproveitando as folhas que o pai retirara de um coqueiro, resolveu construir uma cabana. Sozinha, foi fazendo, toda orgulhosa, o que no seu entender era uma obra de arte. Quando terminou, deu uma olhada em volta e por dentro e concluiu que sua construção estava uma beleza, talvez até tenha pensado que poderia ser uma arquiteta quando crescesse. Estava ansiosa para mostrar sua obra para alguém, até que sua mãe chegou do trabalho e, assim que colocou os pés no quintal, disse: "Que bagunça é esta que você fez no meu quintal? Tire já esta palhaçada toda daí!"

Naquele momento, foi como se todo o seu orgulho escoasse pelo ralo. Descobriu que não poderia confiar em si mesma, afinal, o que pensou ser lindo, na verdade, era horrível. Sua opinião sobre as coisas não era confiável, portanto. É bem provável que tenha concluído também que jamais poderia ser uma arquiteta. E, à medida que desmanchava a cabana, desfazia-se também de sua autoconfiança.

Os pais não fazem isso de propósito, apenas não sabem o que estão fazendo e ignoram o prejuízo que causam.

Coisas como essas geralmente passam despercebidas por eles, mas podem mudar o rumo de uma criança, quebrar suas ilusões, destruir seu amor-próprio e a força dos seus sonhos. São poucas palavras, mas capazes de causar um efeito devastador.

Mesmo que uma criança faça algo que não seja lindo aos nossos olhos, não podemos desvalorizá-la. Ela melhorará a cada dia em tudo que fizer, se não perder a fé em si mesma.

Às vezes, criticamos o que a criança faz por vergonha dos outros, por medo de nos expormos à crítica de outras pessoas. Isso acontece muito, por exemplo, quando a menina vai se vestir para sair com a mãe que, quando olha a roupa que a filha escolheu e não aprova, costuma dizer: "Esta roupa está ridícula, filha, eu não saio na rua com você vestida assim, de jeito nenhum."

O prejuízo seria muito menor se ela não se importasse com a opinião dos outros e apoiasse a escolha da filha, mesmo que não fosse a melhor aos seus próprios olhos. Se essa menina se sente aprovada, se acredita que suas escolhas são válidas, vai poder confiar em sua percepção. À medida que ela for crescendo, irá amadurecendo sua percepção estética, mas sem perder a confiança no seu próprio gosto.

Algumas pessoas só compram algo depois que pedem opinião a todos que estão na loja. Não saem nunca sozinhas para escolher alguma coisa porque não acreditam em sua própria avaliação. Tornam-se dependentes da percepção dos outros, pois não aprenderam a confiar na sua.

Essa insegurança prejudica suas decisões em todas as áreas da vida. Elas vão ficar em dúvida sempre que tiverem de dar uma opinião ou optar por alguma coisa. Não serão pessoas empreendedoras e criativas porque não terão autoconfiança.

Cada um de nós nasceu para vencer. Aliás, nós já viemos ao mundo como campeões. Para que uma vida comece, há uma corrida de milhões de espermatozoides, com um só vencedor. É uma competição muito difícil e nós somos os vitoriosos dessa disputa. Se tivermos fé em Deus e em nós mesmos, certamente continuaremos vencendo.

## CRÍTICAS E CORREÇÕES

Por meio das críticas negativas, nós dificultamos a vida de nossos filhos, os desestimulando e criando barreiras entre nós. Contudo, se tivermos sabedoria, poderemos ajudá-los a seguir um caminho de vitórias.

# 26 O ELOGIO TEM DE SER VERDADEIRO

É importante elogiar, desde que o elogio não seja falso. Se uma criança lhe dá um presente, você olha e diz "Que lindo! Adorei!", mas o deixa de lado, você não a convence. Ela entende que foi só para agradá-la. Se ela chega da escola, mostra um desenho e você olha rapidamente e diz que é maravilhoso e volta a fazer o que estava fazendo, seu elogio foi em vão.

Se quer elogiar algo que seu filho tenha feito de forma que ele acredite, antes de qualquer coisa, você tem de ser sincero e dar atenção a ele. Nossas palavras se tornam vazias se nossas atitudes não são coerentes com elas. Se dissermos que gostamos, mas agirmos com desprezo, passamos uma dupla mensagem, e isso só confunde a criança.

Caso não tenha condições, de forma nenhuma, de lhe dar atenção naquele momento, peça a ela que lhe mostre depois e, quando for conversar a respeito, é preciso demonstrar interesse. Fale sobre os detalhes do trabalho que ela lhe apresenta, e não apenas olhe por cima. Descreva o

## O ELOGIO TEM DE SER VERDADEIRO

que você está percebendo para que ela veja que você está mesmo observando.

Quando elogiamos o que a criança faz, ela se sente valorizada, acredita em seu potencial e sua autoestima se eleva, porém, se formos desonestos, ou falarmos apenas para nos livrarmos da criança naquela hora, ela percebe facilmente.

Outro cuidado que precisamos ter é que, muitas vezes, a diferença entre o veneno e o remédio é a dose. Os elogios são muito importantes, mas com exagero eles podem ser prejudiciais.

Algumas crianças são tidas na família como muito especiais. Quando chega uma visita, os pais vão logo contando suas proezas e talentos. Dizem que elas são o orgulho da família, que são muito inteligentes, comportadas, enfim, são o verdadeiro exemplo de perfeição. Isso leva a criança a perceber que são amadas pois são especiais, ou seja, porque fazem tudo corretamente da forma que os pais esperam. Ficam com medo de decepcionar, de fazer algo errado e perder esse amor e admiração. Procuram ser o melhor possível para agradar aos outros e para garantir a aceitação dos pais. Com o tempo, isso se torna uma carga cada vez mais difícil de ser levada. Não só porque é difícil serem perfeitas, mas porque elas passam a não saber mais quem realmente são.

Certa vez, uma jovem me procurou no consultório dizendo estar entrando em profunda depressão. Sentia-se perdida, confusa e não sabia mais quem era. Estava cansada e via a vida como um fardo que ela não podia mais suportar.

Contou que, desde pequena, seus pais a apresentavam para as outras pessoas com muito orgulho, dizendo que ela era uma filha exemplar. Viveu cercada de elogios e exaltações e sempre foi reconhecida como a filha maravilhosa e perfeita. Foi crescendo tensa, com medo de desapontar a qualquer momento. Vigiava a si mesma todo o tempo para não decepcionar ninguém.

Ela cresceu e hoje é considerada uma excelente funcionária, esposa e aluna, mas não sabe quem realmente é. Sente que vive uma mentira. Queria relaxar, ser uma pessoa autêntica e descontraída, mas tem medo de olhar para dentro de si mesma, descobrir que é diferente do que apresenta e colocar em risco o amor da família por ela. Não consegue deixar de procurar ser sempre a melhor em tudo para manter a boa imagem a todo custo.

Quando elogiamos exageradamente e relacionamos o comportamento dos filhos ao sentimento que temos por eles, nós os prejudicamos tremendamente.

Todos queremos ser amados e, em função disso, caímos em armadilhas perigosas. Quando alguém não se sente amado como realmente é, começa a criar uma imagem, uma máscara, uma personagem, que acredita ser mais aceita. À medida que percebe que está agradando, aperfeiçoa mais e mais sua criação. Com o passar do tempo, vai ficando mais difícil separar o criador de sua obra. Ele se confunde com o que criou e aos poucos perde a identidade.

A máscara vai se moldando ao próprio rosto, de maneira que a pessoa verdadeira fica cada vez mais distante. E, por mais que ela seja aceita e estimada pela forma que se apresenta, não consegue se sentir satisfeita, porque no fundo sabe que não é ela quem está sendo amada, mas o personagem que criou.

Além desse sentimento de insatisfação, há uma profunda solidão. Ela mesma, real, está só, escondida atrás de toda essa roupagem criada e que se torna um escudo, cuja função é evitar que venha à tona o que há de verdadeiro e que a cada dia se distancia mais e mais. Esse personagem pode convencer e agradar a todos, mas não agrada a quem o criou.

Para não perder o controle da situação e não tomar consciência da insatisfação, não se pode dar intervalo ao espetáculo, o teatro não pode parar. É preciso estar sempre em cena. Se o ator descansar, vai ouvir os lamentos do eu verdadeiro, sufocado e escondido.

Para encenar o tempo todo e segurar o peso da máscara, é preciso que se usem todas as reservas de força. Quando estas se acabam, vêm a depressão, o esgotamento, a profunda insatisfação. E também o medo de perceber que todo o esforço foi em vão, que, por mais perfeito e amado que se tenha sido, foi a invenção e não o inventor quem conquistou esse amor.

Deus nos fez à Sua imagem e semelhança, e com um propósito. Se nos distanciamos de nós mesmos, nos afastamos da intenção de Deus. A energia que gastamos para sustentar o que não somos deveria estar disponível para mudarmos o que realmente precisamos. No entanto, para isso, antes de tudo, precisamos reconhecer e aceitar quem somos. Por isso é mais do que importante aceitarmos nossos filhos como eles são.

O exagero nos elogios e nas expectativas em relação à criança levam a atitudes como essa e, as vezes, por medo de decepcionar, alguns nem tentam. Não conseguem levar nenhum projeto adiante por medo de falhar.

Outro paciente tinha mais dois irmãos. Desde pequeno seu pai demonstrava claramente a preferência que tinha por ele e lhe dizia sempre: "Você é igual a mim, eu me orgulho muito de você."

Ele via o pai como um vencedor, um homem inteligente que conseguia tudo o que queria. Pensava que seria muito difícil ser igual a ele e que o pai esperava dele o mesmo desempenho. Cada vez que iniciava algum trabalho, sentia-se inseguro, tinha medo de desapontar as expectativas do pai e de não corresponder a elas. Estava sempre planejando algo, mas na hora de pôr em prática, encontrava alguma desculpa para não executar seus planos.

Um filho precisa se sentir amado pelo que ele é para que possa sair de dentro dele o que há de melhor e mais verdadeiro.

Antes de nossos filhos nascerem, nós já os idealizamos. Desejamos, muitas vezes sem perceber, que eles realizem nossos sonhos. Procuramos realizar por intermédio deles os projetos que deixamos por fazer e queremos que eles vivam o que não vivemos.

Assisti a uma entrevista com alguns pais, certa vez, em que uma mãe de dois meninos gêmeos contou que desde que os filhos eram recém-nascidos ela já tinha o futuro deles planejado. O sonho dela era ter sido modelo, mas seus pais não permitiram, eles tinham outros planos para ela. Sem perceber o quanto lhe fez mal não ter podido fazer suas próprias escolhas, acabou fazendo o mesmo com os filhos. Dedicou sua vida a fazer deles modelos.

Sua vida foi uma maratona com eles de estúdio em estúdio. As crianças foram crescendo e ficando avessas àquela atividade, mas isso não a fez desistir. Quando os dois fizeram 18 anos, saíram de casa e foram levar a vida como gostariam.

O interessante é que nem por um instante percebi, no seu jeito de falar, que essa mãe tinha consciência da pressão que exercia sobre os filhos. Seu objetivo era realizar seu sonho.

## O ELOGIO TEM DE SER VERDADEIRO

Talvez, se ela não os tivesse pressionado, eles até poderiam ter seguido a carreira, pois eram muito bonitos, mas como não tiveram oportunidade de escolha, eles só pensavam em fugir da pressão. A força das expectativas dos pais é muito grande e tem dificultado muito que as pessoas encontrem seu próprio rumo.

Ficam divididas entre ser elas mesmas e ser o que os outros esperam que elas sejam. É realmente uma prisão. Transformamos nossas expectativas em uma cobrança de sucessos e desempenhos, tirando dos filhos o prazer de fazer o que gostam e criando neles o compromisso de nos fazerem felizes.

A autoestima de uma pessoa, seu prazer de viver e sua fé na vida dependem muito da certeza de que foi bom ter nascido, de que sua existência por si só já trouxe alegria, independentemente do que ela fará ou não. O amor dos pais não pode se condicionar às atitudes dos filhos.

Quando demonstramos nosso amor apenas quando eles fazem algo que mereça aplausos, e demonstramos desprezo quando erram, nós os fazemos entender que nosso amor dependerá de suas atitudes.

Às vezes, um filho vai mal na escola, e os pais, envergonhados, demonstram sua decepção, fazendo que ele se sinta culpado por ter manchado a imagem de pais perfeitos.

Nossos filhos precisam saber que o resultado de seus estudos, assim como suas conquistas e vitórias, são para eles mesmos e não para nos satisfazer, que seus erros não nos levam a amá-los menos. O amor de Deus por nós não depende de nossas ações. O nosso amor por eles também não deve depender. O incentivo não pode ser uma exigência de sucesso para satisfazer a nós mesmos. Não podemos depender do que eles fazem para nós para assegurarmos o valor ou construir a boa imagem deles.

O elogio que ajuda, na verdade, é o reconhecimento sincero a respeito do que a criança fez de bom, de uma atitude sincera, de uma intenção, um esforço, um empenho, enfim, de algo ligado a uma situação. Se seu filho chega com o boletim da escola apresentando suas boas notas, e você diz "Parabéns, filho, você se esforçou, fez por merecer este bom resultado", isso incentiva e mostra que o sucesso depende de seu esforço. É um elogio justo e coerente.

Quando esse elogio generaliza demais, ele se torna empreendedor, por exemplo, quando dizemos "Parabéns, filho, você é realmente muito inteligente, você é um filho maravilhoso, por isso que eu me orgulho de você", generalizamos demais as coisas, criando nele o medo de falhar e a preocupação de esconder os erros, para não deixar de ser o *orgulho* da família. Dessa maneira, não se incentiva a criança e produzimos nela uma grande responsabilidade de ser perfeita.

Ouvir que é muito inteligente também se torna embaraçoso, porque o dia em que a criança tiver alguma dificuldade de aprender qualquer coisa, se sentirá insegura.

É muita responsabilidade ser perfeito e ser o exemplo da família. Para romper e se libertar desse peso e dessa obrigação, uns se rebelam e tentam destruir essa imagem, outros ficam aprisionados nessa tarefa exaustiva. É importante reconhecer os acertos, mas aceitando o filho como é, fazendo-o se sentir amado e querido por ser ele mesmo. Para isso, não espere que ele faça alguma proeza para lhe dizer que o ama e que ele é importante em sua vida. A demonstração de amor não deve estar somente associada a atitudes corretas e louváveis.

# 27 RECONHECER QUALIDADES

Enquanto a crítica negativa derruba, o reconhecimento eleva e motiva. Apontar as qualidades, os acertos e os aspectos positivos é a melhor maneira de incentivar.

Quando eu disse isso em uma palestra para pais numa escola, uma mãe me confidenciou que isso era impossível de fazer em seu caso, porque não tinha nada de bom para afirmar sobre seu filho, ele fazia tudo errado, só lhe dava desgosto.

Eu não consigo acreditar nisso. Uma criança não faz somente coisas erradas. O que acontece é que muitas vezes somos exigentes demais, observamos somente o que precisa ser corrigido, apontamos apenas os erros e, com o tempo, a criança desiste e se assume como ruim.

Ficamos atentos às falhas, reconhecemos e apontamos sempre o que é ruim, enquanto os acertos passam como se fossem naturais, como se acertar fosse obrigação deles. Com isso os aspectos negativos ficam realçados, enquanto os positivos são ignorados.

Quando o povo de Israel chegou perto da Terra Prometida, um grupo de homens se adiantou para fazer o reconhecimento do lugar. Ao voltarem, a maioria deles contou sobre os gigantes, os perigos e as dificuldades que encontraram. Apenas Josué e Calebe conseguiram ver o que havia de bom (veja Números 13:30). Para esses dois homens, os aspectos positivos realçavam, sobressaíam-se, ficavam em evidência de tal forma que os negativos eram minimizados. Decerto, eram homens de muita fé, que sabiam reconhecer o que Deus lhes oferecia de bom e tinham os olhos voltados para as bênçãos.

Se olhássemos para nossos filhos como Josué e Calebe olharam para aquela terra, como dádivas de Deus para nós, saberíamos reconhecer muito mais suas qualidades. Saberíamos agradecer mais do que reclamar, abençoar mais que amaldiçoar com as nossas críticas. E, certamente, eles seriam melhores.

Na verdade, a visão daqueles homens que só conseguiram ver gigantes e perigos é a visão de muitos, não somente em relação aos filhos, mas também à família, ao trabalho, à vida de maneira global. Enxergam tudo de forma pessimista, ignoram os inúmeros motivos que existem para agradecer.

Há uma história que relata a experiência de dois homens que atravessavam o deserto. Cada um tinha seu cantil com água e, em determinado ponto da viagem, eles pararam para conferir quanta água lhes restava. Os dois tinham a mesma quantidade, ou seja, meio cantil, mas não viam as coisas da mesma forma. Um deles disse "Puxa vida, só me resta metade da água", e o outro respondeu "Graças a Deus, ainda tenho metade da água!".

## RECONHECER QUALIDADES

Raramente alguém vê a vida como esse segundo homem. Temos a tendência de resmungar sempre. Não sentimos necessidade de agradecer pelo fato de estarmos vivos e de nossos filhos terem saúde. Quando ficam doentes é que nossa consciência desperta, só então nos conscientizamos do quanto é bom quando eles estão bem. No entanto, depois que melhoram, esquecemos outra vez esse fato.

Os que já perderam um filho sabem o quanto dói. Os que não perderam conseguem imaginar quando alguém próximo passa por isso. Contudo, dificilmente alguém agradece pela vida dos seus filhos quando acordam com eles pela manhã.

Há poucos dias, no ônibus que ia da cidade de Itaperuna para o município do Rio de Janeiro, eu pensava nas seis horas de viagem que enfrentaria, e que essa maratona já estava completando dezoito meses, em que tenho de deixar meus filhos aos cuidados de terceiros durante um dia e meio, todas as semanas. Quando certa melancolia começou a tomar conta de mim, entrou um casal, com um filho numa cadeira de rodas. Enquanto a mãe guardava a cadeira no porta-malas do ônibus, o pai o levou no colo até os seus lugares. O menino, que deveria ter uns 10 anos de idade, era paralítico.

Chamaram muito minha atenção a naturalidade de seus pais, o carinho e a paciência com que o tratavam. Não vi na expressão daquele casal nenhum sinal de mágoa, revolta ou dor, tampouco eles demonstravam que aquele filho era um peso na vida deles. Naquele momento, fiquei envergonhada por me queixar de tão pouco. As seis horas dentro daquele ônibus passaram a ter outro sentido. Agradeci a Deus pela força daquele casal e pela oportunidade de vê-los naquele momento. Eles aceitaram de cabeça erguida uma grande tarefa.

Comecei a pensar que, se a viagem durasse doze horas, ainda seria pouco para agradecer pelas bênçãos que venho recebendo durante toda a minha vida, incluindo a vida de meus filhos, com tanta saúde.

No dia seguinte, à noite, quando voltava para casa, foi como se Deus me dissesse que realmente seis horas eram pouco para tomar consciência de algo tão importante. Na poltrona atrás de mim estavam duas mulheres conversando. Uma delas trazia no colo sua filha, uma menina de mais ou menos 8 anos de idade. Essa mãe contava que havia mais de um ano que fazia essa viagem periodicamente, para tratar da filha que estava com câncer. Ela contou a respeito das crises que a menina tinha de vez em quando e da falta de recursos do lugar onde ela morava, como também das madrugadas nos corredores de um hospital, no Rio, à espera de atendimento.

Fiquei impressionada com a disposição daquela jovem mulher, da força e coragem com que enfrentava sua luta. Enquanto a ouvia, eu pedi a Deus para que não a abandonasse, para renovar as suas forças a cada dia, para curar aquela menina e me perdoar pelas minhas fraquezas e por todos os agradecimentos que deixei de fazer.

Não há nada que dói mais em uma mãe do que ver um filho sofrendo. E é por intermédio de exemplos como esses que nos conscientizamos do quanto nos queixamos, das lamentações que fazemos por motivos tão pequenos.

Nós lastimamos e nos mostramos descontentes por tudo e ignoramos quanto somos abençoados. Há um louvor que

## RECONHECER QUALIDADES

diz que as bênçãos que recebemos cada dia são incontáveis, como o são os grãos de areia do mar e as estrelas do céu.

No começo da Bíblia, em Gênesis, Deus nos ensina a observar as coisas e reconhecer o seu valor. Quando relata a respeito da criação, Ele mostra que depois de cada coisa realizada, Ele reconheceu que aquilo era bom.

> Então Deus disse: "Haja luz", e houve luz. *E Deus viu que a luz era boa* [...]. (**GÊNESIS 1:3-4**, grifo da autora).

> Deus chamou a parte seca de "terra" a as águas de "mares". E Deus viu que isso era bom. (**GÊNESIS 1:10**)

> A terra produziu vegetação: toda espécie de plantas com sementes e árvores que dão frutos com sementes. As sementes produziram plantas e árvores, cada uma conforme a sua espécie. E Deus viu que isso era bom. (**GÊNESIS 1:12**)

> Deus criou duas grandes luzes: [...] colocou essas luzes no céu para iluminar a terra, para governar o dia e a noite e para separar a luz da escuridão. E Deus viu que isso era bom. (**GÊNESIS 1:16-18**)

> Assim, Deus criou os grandes animais marinhos [...], bem como uma grande variedade de aves, cada um conforme a sua espécie. E Deus viu que isso era bom. (Gênesis 1:21)

> Deus criou grande variedade de animais selvagens, animais domésticos e animais que rastejam pelo chão, cada

um conforme a sua espécie. E Deus viu que isso era bom. (**Gênesis 1:25**)

Então Deus olhou para tudo que havia feito e viu que era muito bom. A noite passou e veio a manhã, encerrando o sexto dia. (**Gênesis 1:31**)

Deus reconhece o quanto é boa cada parte de Sua obra e, por fim, torna a reconhecer que tudo era muito bom. Seríamos certamente mais felizes se aprendêssemos a avaliar e a reconhecer, no fim de cada dia, semana, mês, ano e década, todas as coisas boas que tivemos a oportunidade e o privilégio de participar e de realizar, de todas as bênçãos recebidas. Isso nos ajudaria a olhar para a vida de outra forma, com mais alegria e prazer.

Se olhássemos para nossos filhos com bons olhos, como uma dádiva especial em nossa vida, veríamos neles menos defeitos e muito mais motivos de orgulho e satisfação. Encontraríamos muitas qualidades e motivos para sermos gratos a Deus, sem deixar, é claro, de orientar, dar limites e corrigir devidamente. Não faríamos um "cavalo de batalha" em situações que, na verdade, são normais.

Se por acaso eles não nos dão razões para estarmos felizes com eles de maneira nenhuma, talvez estejam perdendo a fé em si mesmos. Talvez tenhamos esquecido de dizer a eles o quanto são importantes para nós.

É muito comum quando mães se encontram falarem mal de seus filhos. Cada uma conta um defeito pior. Isso é maldizer e a Bíblia nos mostra que agindo assim damos oportunidade ao adversário para atuar em nossa vida. Quanto mais

## RECONHECER QUALIDADES

declaramos negatividade, piores ficam as coisas. Os erros precisam ser corrigidos e as falhas apontadas, porém mostrar somente esse lado leva os filhos a pensarem que jamais nos alegrarão.

Refreie a língua de falar maldades e os lábios de dizerem mentiras. (**SALMOS 34:13**)

# 28 NÃO CONTE SUAS BÊNÇÃOS PARA QUALQUER PESSOA

Referi-me, até aqui, sobre o efeito das palavras negativas que dizemos. Todavia, gostaria de lembrar que aquilo que dizemos de positivo também pode trazer consequências ruins, não pelas palavras em si, mas pelas pessoas com quem falamos.

É preciso ter cuidado não somente com o que dizemos de negativo, mas também com as bênçãos que contamos. Perdemos boas oportunidades por contar tudo para todo mundo. Muitas bênçãos escoam como areia entre os dedos, porque expomos demasiadamente nossa vida. A felicidade causa inveja, por isso não podemos compartilhar tudo com todas as pessoas. José, filho de Jacó e Raquel, contou a seus irmãos um sonho que teve:

> Estávamos no campo, amarrando feixes de trigo. De repente, meu feixe se levantou e ficou em pé, e seus feixes se juntaram ao redor do meu e se curvaram diante dele!
> (**Gênesis 37:7**)

Seus irmãos, que já tinham muito ciúme dele por ser ele o preferido do pai, ficaram ainda mais enciumados, porque entenderam que o sonho mostrava que ele reinaria sobre eles. José teve outro sonho ainda, que novamente lhes contou: "Ouçam, tive outro sonho [...] O sol, a lua e onze estrelas se curvavam diante de mim!" (Gênesis 37:9).

Eles compreenderam imediatamente o seu significado, ou seja, seu pai, sua mãe e seus irmãos se inclinariam perante ele. "Os irmãos de José ficaram com inveja dele, mas seu pai se perguntou qual seria o significado dos sonhos" (Gênesis 37:11; outra versão (KJB) diz: "[...] mas seu pai guardava o caso em seu coração").

Apesar de serem irmãos de José, eles não se alegraram com seus sonhos de vitória, e na primeira oportunidade que tiveram, tentaram matá-lo. Por falta de coragem para tanto, depois de jogá-lo dentro de um poço, o venderam como escravo e disseram a seu pai que uma fera o devorara.

Até mesmo dentro de uma família, é preciso saber com quem dividir as alegrias. O pai de José guardou "o caso em seu coração", porém seus irmãos o invejaram.

Estamos acostumados a dizer que se reconhece um amigo na hora da dor e da tristeza, que nesses momentos os que são amigos de verdade sempre compareçam para dar força. No entanto, eu creio que seja muito mais fácil reconhecer um amigo na hora da alegria, da vitória e da conquista, porque dificilmente alguém se alegra com o triunfo do outro. Somente o amigo verdadeiro.

Uma mulher vivia atormentada numa situação de vida muito infeliz. Estava muito magra e doente e sua irmã a visitava sempre, oferecendo ajuda e apoio de forma bastante atenciosa. Tempos depois, ela reestruturou sua vida, deu a volta por cima, começou a cuidar de si mesma, recuperou a saúde e ficou mais bonita. Daí em diante, foi ignorada completamente por sua irmã tão prestativa. O fato de poder oferecer ajuda fazia com que esta se sentisse muito bem, mas a alegria da irmã a incomodou.

Outra pessoa chegou a casa, certo dia, com um carro zero que acabara de comprar e suas vizinhas que estavam no portão, entre elas irmãs e primas, entraram em casa na mesma hora, fingindo que não tinham visto.

É muito mais fácil, para alguns, estar junto na hora da dor do que nos momentos de alegria. Algumas pessoas se sentem muito bem em poder oferecer algo a quem está numa situação difícil, mas não dominam a inveja pela conquista dos outros.

É claro que nem todas as pessoas que ajudam o próximo agem por esse motivo. Graças a Deus ainda existem muitas pessoas de coração puro, que são capazes de seguir o conselho de Paulo aos Romanos: "Alegrem-se com os que se alegram e chorem com os que choram" (Romanos 12:15).

Entretanto, é importante pensar que com Deus nossa comunhão tem de ser íntima e total, mas, em relação às pessoas, a prudência faz muito bem. "Cuide da língua e fique de boca fechada, e você não se meterá em apuros" (Provérbios 21:23).

É difícil para os pais conterem a alegria quando um filho entra para uma faculdade, passa num concurso ou arruma um bom emprego. Só que isso incomoda algumas pessoas que não podem contar um sucesso maior de seus próprios filhos. É preciso saber com quem compartilhar as vitórias.

# 29 ESTAR ATENTO ÀS CONQUISTAS

É importante para um filho saber que seus pais observam seu progresso, percebem seus esforços e apreciam suas conquistas. Quando isso não acontece, eles perdem a motivação e a fé em si mesmos.

Daniel era um menino muito inteligente, que demonstrou sua capacidade desde que entrou na escola, com 5 anos de idade. Na primeira série do antigo primário, numa festa de fim de ano, ele foi coroado como rei do colégio. Teve as melhores notas de toda a escola e conseguiu se manter nesse nível até a terceira série, quando desistiu de ser bom aluno. Seus pais nunca puderam comparecer a nenhuma das festas em que ele foi homenageado e ele sempre voltava para casa sozinho, trazendo o prêmio que recebera.

Deve ter doído muito ver as outras crianças, cada uma com seus pais, enquanto ele se via só, sem ninguém para recebê-lo com orgulho, apesar de não ser órfão.

A partir da quarta série, quando fazia as provas, ele respondia somente algumas questões e pedia à professora que somasse os pontos: se fosse suficiente para que ele passasse de ano, não respondia a mais nenhuma pergunta. Ele abandonou os estudos depois do Ensino Médio, o qual terminou sem a mínima boa vontade. Nunca conseguiu confiar em si mesmo. Tem um grande talento, mas não consegue reconhecer.

O valor e o autorreconhecimento de uma criança dependem essencialmente de ela ser valorizada pelos pais.

Deus deu a cada um determinados talentos, para serem multiplicados e usados conforme a Sua vontade. Para que esses talentos não sejam enterrados, é preciso que os pais colaborem, que saibam valorizar devidamente seus filhos, dando a eles o apoio e o incentivo que precisam para se desenvolverem com confiança.

Muitas vezes, o incentivo existe, mas de forma prejudicial. Algumas pessoas fazem de tudo para que seu filho seja bem-sucedido, mas naquilo que eles, pais, escolheram, nas áreas em que eles gostariam de ter se realizado e não conseguiram. Muitos deixaram de lado suas aptidões para realizar o desejo dos pais. Conheço um jovem que cursou cinco anos de faculdade pressionado pelo pai, que não conseguiu realizar o antigo sonho de ser engenheiro. Depois de terminar o curso, o rapaz deu ao pai o diploma de engenheiro de presente e lhe disse que agora estaria livre para realizar o próprio sonho.

Deus criou cada um com um propósito e, sem perceber, muitos pais desviam seus filhos disso. Muitos dons têm sido abafados porque alguns pais querem sentir o orgulho de ter um filho formado nisto ou naquilo, ou então querem que os filhos levem adiante o trabalho que eles já começaram. Só se vive uma vez, e ninguém veio ao mundo para realizar o

## ESTAR ATENTO ÀS CONQUISTAS

sonho do outro, mesmo que esse outro seja o pai ou a mãe. A função dos pais é auxiliar no caminho.

Forçar ou desviar a natureza de alguém é plantar a frustração no coração dessa pessoa. Os pais que amam verdadeiramente seus filhos desejam que eles sejam felizes e tenham seus próprios sonhos realizados.

**TERCEIRA** PARTE

# 30 VALORIZANDO A VIDA HOJE

Algumas pessoas vivem do passado, curtem antigas mágoas e rancores, tristes pelo que não fizeram ou pelo que não receberam. Estão presas a traumas e experiências ruins, ou vivem de saudosas lembranças dos bons tempos, que só são reconhecidos como bons hoje, porque já ficaram para trás. São as pessoas que costumam dizer "Eu era feliz e não sabia".

Outras são movidas pelas expectativas e pelos sonhos que pretendem realizar, esperando para serem felizes depois de construir aquela casa, fazer a tal viagem, colocar os filhos na faculdade, conquistar a posição almejada há tempos, como se a vida estivesse no futuro. Acostumam-se tanto a olhar para o amanhã que não se sentem realizadas nunca, pois o amanhã está sempre por vir.

Quando realizam seus sonhos, sentem-se vazias e precisam de outro logo em seguida. São especialistas em sonhos. Preenchem e alimentam a vida buscando-os, mas não se preparam para realizá-los, apenas para sonhá-los. Lutam com muita garra por eles, mas se sentem frustradas quando os alcançam.

Geralmente, isso acontece quando se investe mal, quando se aposta tudo em ilusões. Muitos aplicam todo o seu tempo e forças na busca de bens materiais, posição social, poder e reconhecimento. Enganam-se e condenam a si mesmos ao fracasso. Jesus disse: "[...] A vida de uma pessoa não é definida pela quantidade de seus bens" (Lucas 12:15).

Não se deposita a valiosa esperança no incerto e perecível sem sentir o sabor do arrependimento e da frustração. Nosso espírito é imortal, portanto, só se satisfaz com o que é eterno. Ouvi uma frase, certa vez, que diz que dentro de nós há um espaço vazio do tamanho de Deus. Nada poderá preenchê-lo, senão Ele.

Nossas expectativas, nossos sonhos e planos nos motivam e nos entusiasmam. Sem dúvida, sonhar é preciso. Deus também sonha, planeja e se preocupa com o nosso futuro.

> "Porque eu sei os planos que tenho para vocês", diz o Senhor. "São planos de bem, e não de mal, para lhes dar o futuro pelo qual anseiam." (**JEREMIAS 29:11**)

Por Deus se preocupar com o nosso futuro é que Ele nos orienta como investir bem e com segurança, para que nossa luta não seja em vão, ensinando-nos a investir no que há de mais certo e real: a vida eterna.

> "Não ajuntem tesouros aqui na terra, onde as traças e a ferrugem os destroem, e onde ladrões arrombam casas e os furtam. Ajuntem seus tesouros no céu, onde traças

e ferrugem não destroem, e onde ladrões não arrombam nem furtam." (**Mateus 6:19-20**)

Há muitas pessoas que criticam a Palavra de Deus, dizendo que ela prega o conformismo, a estagnação e a pobreza. Já ouvi intelectuais dizerem que a Bíblia serve ao sistema por manter as pessoas conformadas e que ser cristão é coisa de quem não tem expectativas.

Opiniões como essas, vindas de pessoas eruditas, provam que acúmulo de informação não é o mesmo que sabedoria e que inteligência não é suficiente para abrir os olhos de ninguém.

Deus não é a favor da miséria, pelo contrário, Ele abençoou a prosperidade, e Salomão é uma das provas disso. Ele foi o homem mais rico da História da humanidade e toda a sua riqueza foi proporcionada por Deus. Contudo, a fortuna não era a prioridade em sua vida, e sim a consequência. Quando ele teve oportunidade de fazer um pedido a Deus, optou pelo essencial e não pelo perecível, pediu sabedoria e discernimento e recebeu muito além do que pediu (veja 1Reis 3:9).

Deus não diz para abrirmos mão do conforto e das coisas materiais, apenas para não depositarmos nas riquezas as nossas esperanças. Ele nos mostra que é louco e insensato o que tem como prioridade a busca do dinheiro: "[...] nunca se satisfará com o que ganha" (Eclesiastes 5:10). É uma busca insaciável que nunca traz a realização almejada.

> Ensine aos ricos deste mundo que não se orgulhem nem confiem em seu dinheiro, que é incerto. Sua confiança deve estar em Deus, que provê ricamente tudo de que necessitamos para nossa satisfação. (**1Timóteo 6:17**)

Ele reconhece que precisamos das coisas materiais e quer nos abençoar com elas. Contudo, é preciso priorizar o essencial. "Busquem, em primeiro lugar, o reino de Deus e a sua justiça, e todas essas coisas lhe serão dadas" (Mateus 6:33).

O tempo presente não é vivido com qualidade, com o valor que lhe é devido, pois estamos ansiosos para garantir o futuro, acumulando bens. Porém, por mais que se tenha, nunca é o bastante para se tranquilizar. Conheci um senhor, há alguns anos, muito rico e que estava muito doente; no entanto, nem a velhice nem a doença o fizeram parar de preocupar-se em multiplicar o seu dinheiro.

Não há nada de errado em pensar no futuro, o problema está no medo que nos cega, na falta de fé de que acima de tudo há um Deus, que conhece todas as nossas necessidades, e na crença de que a segurança está no acúmulo de riquezas. Muitas pessoas, com toda a sua fortuna, não puderam salvar a vida de um ente muito querido, pois o dinheiro não pode tudo. A riqueza traz muitas ilusões e uma delas é a de levar as pessoas a se sentirem superiores, com poder e domínio sobre as outras. Um dos remédios mais eficientes para desfazer essa ilusão é a dor, pois ela não examina a conta bancária ou a posição social de ninguém antes de chegar. Ela é justa.

Assim como o sol nasce para todos, a dor também nasce.

Nos momentos de sofrimento, os homens entendem que nada pode fazer diferença entre as pessoas, a não ser o que vai dentro do coração. Muitos se apoiam nas riquezas, confiam nelas como um apoio inabalável. Entretanto, nada do que é material está seguro. Seja qual for o seu investimento, não há nada à prova de roubos, enchentes, terremotos, vendavais ou guerras, e mesmo que alguém consiga assegurar seus bens, não conseguirá assegurar sua vida para desfrutá-los. É ilusão pensar que se está seguro de alguma forma neste mundo, a não ser nas mãos de Jesus.

Uma das parábolas que o Mestre contou foi a do rico insensato. Um homem cujos campos produziram tanto que ele teve de derrubar seus celeiros e construir outros maiores para guardar seus bens e, quando pensou que já tinha o bastante para descansar e usufruir, Deus lhe disse:

> [...] Louco! Você morrerá esta noite. E, então, quem ficará com o fruto do seu trabalho? Sim, é loucura acumular riquezas terrenas e não ser rico para com Deus.
> (**Lucas 12:20–21**)

> Feliz é quem confia no Senhor, cuja esperança é o Senhor.
> (**Jeremias 17:7**)

O futuro que devemos realmente nos preocupar é com a eternidade. Esta, sem dúvida, virá e precisa ser conquistada hoje.

Na busca insaciável por bens materiais, procura-se o reconhecimento, o valor e a admiração das outras pessoas. Isso está relacionado também à carência de amor e aprovação durante a infância. Aqueles que não se sentiram amados pelo que são, procuram ser aceitos e queridos por meio de dinheiro, posição e poder. Nessa busca, sem perceber, deixam seus filhos carentes de seu amor e companhia, levando-os a sofrer da mesma falta que eles, pais, sofreram. Com isso, a história se repete de geração em geração, até que alguém tome consciência e se liberte desse padrão que a Bíblia chamaria de "maldição hereditária".

# 31 A VIDA ESTÁ ACONTECENDO AGORA

A vida que temos, neste mundo terreno, está acontecendo agora, no presente, e este é o melhor de todos os tempos. É o que temos com certeza, e é nele que precisamos aprender a viver. Para isso não temos de ser irresponsáveis, ignorar o futuro ou apagar o passado da memória. O passado e o futuro, na verdade, estão sempre presentes no agora. Afinal, o que somos hoje é fruto de nossas vivências passadas, assim como de nossa motivação para os planos futuros.

É importante acreditar no amanhã e nos sonhos, ir à luta pelo que se quer. Contudo, para que o futuro não seja frustrante, é preciso que o presente seja vivido verdadeiramente. Se nos alimentamos apenas dos sonhos distantes, deixamos de perceber e nos alegrar com as conquistas de cada dia, com o que realizamos a cada momento.

Jesus nos mostra como cuida das aves do céu e dos lírios do campo e nos diz: "[…] não se preocupem com o amanhã, pois o amanhã trará suas próprias inquietações. Bastam para hoje os problemas deste dia" (Mateus 6:25,34).

## A VIDA ESTÁ ACONTECENDO AGORA

Uma pessoa me disse, certa vez, que Deus não pode ter escrito isso para os homens porque não é coerente com a nossa realidade. Que eu saiba, o homem é o único animal que aprendeu a ler, portanto, não vejo para quem mais Deus haveria de escrever tal coisa.

Muitos sabem ler, mas nem todos compreendem o que está escrito. Deus não manda que os homens fiquem passivos à espera de que tudo caia do céu, afinal, Ele abomina a preguiça.

> O preguiçoso muito quer e nada alcança [...]. (**Provérbios 13:4**)

> Por causa da preguiça, o telhado enverga [...]. (**Eclesiastes 10:18**)

O que Deus nos ensina é que a aflição não garante o amanhã. Somente Ele é a nossa garantia. A ansiedade por cuidar da vida tem tirado, mais cedo, a vida do homem. A preocupação excessiva e o trabalho exaustivo em busca de segurança tem nos levado a não ouvir mais a voz do nosso próprio corpo, de forma que chega um momento em que ele precisa gritar, e nem sempre se ouve a tempo. Geralmente, só entendemos a incoerência dessa busca angustiante quando o corpo denuncia, só tomamos consciência de que estamos vivendo de forma errada, ou seja, que estamos num ritmo excessivamente acelerado, quando ficamos doentes. O medo da morte é, para a maioria, a única forma de trazer à luz essa incoerência.

A ansiedade está mais presente nos que creem que tudo depende unicamente deles próprios, todavia, nem tudo está em nossas mãos.

Há alguns anos, em Niterói, ouvi a história de um homem de 40 anos de idade que, aos 18, decidira trabalhar muito, economizando o máximo para que, ao completar 40 anos, pudesse realizar seu grande sonho: fazer uma longa viagem. A ideia de conhecer outros países o fascinava tanto que o ajudou a trabalhar incansavelmente durante 22 anos.

Sem dúvida, era um homem destemido e perseverante, fez tudo que pôde para alcançar o seu objetivo. Pôde contar também com um bom emprego, que lhe possibilitou, por seu empenho e dedicação, alcançar posições mais elevadas com o passar do tempo. Na época prevista, já poderia realizar o que prometera a si mesmo, pois havia conseguido poupar um bom dinheiro.

Entretanto, como nem tudo está no nosso controle, o inesperado aconteceu. Um desses fatos de que não conseguimos entender direito o motivo, mas que deixam uma lição inesquecível. Ao completar 40 anos, ele sofreu um acidente que o deixou paralítico e seu projeto de vida, o sonho alimentado por tanto tempo, jamais foi concretizado. Foram 22 anos de investimento, cada dia vivido em função de um futuro que só pôde ser sonhado. Isso é o que podemos chamar de abrir mão do certo pelo duvidoso.

Tanto os que estão presos ao passado como os ansiosos pelo futuro não vivem de verdade. O ontem já foi, e o amanhã não sabemos se virá. Nossas lembranças são como uma herança valiosa, não têm de ser desprezadas. O futuro guarda muitas conquistas, ele tem de ser esperado. No entanto, é o hoje que estamos vivendo. Se este tempo for preenchido apenas com saudade ou com ansiedade, ele passará sem que realmente o tenhamos vivido. Muitas coisas valiosas vão chegando e se tornam passado sem nos darmos conta de sua presença.

## 32 A ANSIEDADE ROUBA O PRESENTE DOS NOSSOS FILHOS

Não vivam preocupados com coisa alguma; em vez disso, orem a Deus pedindo aquilo de que precisam e agradecendo-lhe por tudo que ele já fez. (**Filipenses 4:6**)

A ansiedade em relação ao futuro também prejudica nosso relacionamento com nossos filhos. Deixamos de aproveitar nossos encontros e perdemos a alegria de estarmos juntos porque nos preocupamos exageradamente em corrigi-los o tempo todo para assegurar que sejam os melhores possíveis quando crescerem.

Muitos filhos evitam a aproximação com os pais, pois o assunto só gira em torno de prestar conta dos deveres, das provas e dos compromissos de modo geral.

Muitas crianças perdem o direito de viver sua infância porque são obrigadas a renunciar a quase todo o seu tempo em função da preparação para o amanhã. São crianças que, depois de suas obrigações de escola, já têm uma agenda completa para ser cumprida. Não há tempo livre. Precisam estudar inglês, francês e espanhol, pois é importante falar outros idiomas. É preciso praticar esporte, porque faz bem à saúde. Aprender a tocar um instrumento também é imprescindível, e muitas outras coisas mais. A lista é enorme.

Não discordo que essas coisas sejam importantes, precisamos dar às crianças instrumentos que as tornem preparadas. Porém, não é justo que, em função desse preparo, tire-se delas a oportunidade de viverem com qualidade o tempo que elas têm agora. A infância tem sido cada vez mais curta, e tem sido vivida menos plenamente, pois as responsabilidades começam cada vez mais cedo. Muitas crianças das grandes cidades desconhecem a sensação de subir numa árvore ou brincar de pique na rua, mas entendem muito de tecnologia. É claro que isso também é bom, contudo, a vida está ficando muito técnica.

Uma mãe me disse, muito preocupada, que não consegue colocar responsabilidades e compromissos na cabeça de seu filho. Ele gosta muito de brincar, soltar pipa, rodar piões e jogar bola e não entende que precisa estudar. O filho dela tem 7 anos de idade. O que se pode esperar de crianças nessa fase? O que é saudável e natural? Os pais querem que os filhos pensem da mesma forma que eles e não os olham como crianças, mas como adultos em miniatura.

A disciplina é importante. Compromissos e responsabilidade com os estudos têm de fazer parte da vida de uma criança, mas não podem tomar seu tempo integral. Movidos pelo ritmo da vida atual, impomos além do que deveríamos.

Às vezes, perdemos a noção do que devemos esperar dos filhos. Em alguns momentos, exigimos o que eles não estão prontos para dar e impomos responsabilidades de maneira prematura. Outras vezes, protegemos demasiadamente, impedindo que eles façam por si mesmos algumas coisas que têm condições de fazer.

Na adolescência, essa confusão é bem nítida. Em determinadas situações, nós dizemos: "Você não acha que já está grande demais para fazer este tipo de coisas? Já está passando da hora de assumir responsabilidades." Em outros momentos, dizemos: "Você ainda é muito criança para isto, está pensando que já é adulto, por acaso?" Ficamos confusos e confundimos a cabeça dos filhos. Tamanho não significa experiência e maturidade.

A ansiedade nos faz perder a noção das coisas. O medo em relação ao futuro nos leva, muitas vezes, a olhar muito mais para o que falta, para o que eles precisam fazer, para o que tem de ser aprimorado, mas nunca para o que eles têm ou o que eles são agora. Estamos atentos para prepará-los para serem adultos importantes e nos esquecemos de olhar as crianças que são com respeito, satisfação, aceitação e direito de viver. Alguns podem contestar o que digo, justificando que o ritmo acelerado é um fato e que não podemos mais sair disso, que, se não corrermos, também não acompanharemos o que a sociedade exige. É interessante quando falamos da sociedade como se ela fosse um ser independente de nós, que impõe as normas que temos de seguir, e esquecemos que nós somos e fazemos essa sociedade, esse movimento. A corrida existe porque nós corremos.

Se uma pessoa resolver parar no meio da rua e ficar olhando para o céu, logo surgirão outras que farão o mesmo, e em pouco tempo se formará uma multidão olhando para o alto, independentemente de estar ou não acontecendo algo.

Por que precisamos estar sempre atrás dos outros, seguindo a maioria e fazendo o que todos fazem sem saber se queremos ou não? Por que não podemos pensar e escolher nosso próprio ritmo? Valores importantes vêm sendo esquecidos por causa disso. Em função de quê nós estamos enlouquecidos nessa correria tão grande?

Não diminuímos o ritmo, pois temos medo de pegar o bonde andando. Aliás, o progresso não anda mais de bonde, e sim de trem bala e sem freios. Nós estamos alucinados, procurando acompanhá-lo sem saber se vale a pena, sem questionar para onde ele vai ou se esse lugar é bom para nós. É como se entrássemos numa fila somente porque há muita gente nela. Achamos que não há vida fora dessa loucura, mas isso é que não é viver.

Buscamos a felicidade e perdemos o senso crítico. Não sabemos avaliar o que traz essa felicidade. Se fosse o progresso e o avanço tecnológico, certamente o homem de hoje viveria radiante. Sem dúvida alguma, muito mais feliz do que os que viveram nas décadas e séculos passados. Mesmo sabendo que não é assim, o homem tem idolatrado a tecnologia. Certamente, ela nos tem trazido coisas valiosas, mas a paz e a felicidade não estão entre elas.

Não sou contra o progresso, acho muito bom todo o conforto que ele nos oferece hoje, porém não podemos negar que ele também assusta. Não podemos ignorar que com os lucros vieram também grandes prejuízos. Os prejuízos à natureza e as poderosas armas e bombas estão aí, como uma ameaça constante.

Descobertas extraordinárias foram realizadas e com intenções muito nobres, porém, foram utilizadas para a destruição. O avião nasceu de um sonho de liberdade, mas se transformou num poderoso instrumento de guerra. Com ele se mata muito mais num tempo bem menor.

As conquistas são realmente fascinantes, no entanto, há muitas incoerências, por exemplo, milhões de dólares são gastos no espaço, enquanto milhares de crianças morrem de fome por todo o nosso planeta.

O progresso tem salvado muitas vidas com inúmeras descobertas, como as vacinas, por exemplo. As descobertas sobre o vírus da varíola livraram milhares de pessoas da morte, contudo, já sabemos que esse conhecimento possibilitou que esse vírus fosse desenvolvido em laboratório, como arma de guerra, e que se for usado algum dia, terá o poder de matar muito mais do que já se salvou até hoje. Qual será o saldo, se pesarmos os benefícios e os prejuízos?

Talvez uma das causas de tantos prejuízos seja o fato de se criar tudo que a mente possibilita, sem se prever as consequências das criações. O ímpeto do ser humano é avançar, romper limites, ir além, aconteça o que acontecer. O ser humano é um desbravador de novos territórios, mesmo que não saiba o que fará com eles.

Na verdade, a questão não é se devemos ou não progredir, mas *como* estamos progredindo.

Estamos vivendo em um ritmo cada dia mais alucinado, e nosso relacionamento com nossos filhos tem se tornado cada vez mais distante. Os filhos têm estado mais sozinhos, sem afeto, e certamente isso também contribui para o aumento da agressividade nas crianças. Se não pararmos para pensar um pouco sobre isso e buscarmos um relacionamento menos tenso e acelerado, mais próximo e afetuoso, o que poderemos esperar das futuras gerações?

# 33 PERDENDO A LIBERDADE

Cada dia se inventam coisas, e a mídia nos convence de que não podemos viver sem elas, e que elas facilitarão nossa vida, e nos proporcionarão mais tempo livre. Muitas são realmente incríveis, mas, para adquirir tudo o que nos é oferecido, temos de trabalhar cada vez mais. No fim das contas, o tal tempo livre nunca sobra, estamos cada vez mais ocupados, trabalhamos mais para comprar mais coisas que nos prometem liberdade.

Deixamo-nos envolver e perdemos o livre-arbítrio. Poucos são os que conseguem exercê-lo, saindo da fila, fazendo seu próprio ritmo e vivendo de acordo com seus próprios valores. Deus nos fez diferentes dos outros animais. Deu-nos a capacidade e o direito de escolher, entretanto, nem todos se apossaram dessa bênção. Pensamos ser livres, mas não agimos como se fôssemos. Se temos de fazer as coisas como a maioria faz, se abrimos mão de nossos valores para não sermos chamados de antiquados, se trabalhamos de sol a sol para adquirirmos o que as propagandas nos impõem e o que os amigos já compraram para não ficarmos atrasados, então, onde está a nossa liberdade?

Muitos jovens se rebelam para serem livres, porém, não conseguem dizer "Eu não bebo, não fumo, não uso drogas", por medo de serem chamados de "quadrados".

Onde está, também, a liberdade daqueles que exigem que seus filhos façam dezenas de coisas porque isso está na moda, porque os filhos dos outros estão fazendo, sem dar a eles o direito de escolha e sem avaliar se eles podem suportar o peso de tantas tarefas? É verdade que a concorrência está cada vez mais difícil e as crianças têm de ser preparadas para enfrentá-la, só que é verdade também que há um número cada vez maior de suicídios entre jovens e crianças estressadas em consequência da pressão que sofrem. Não seremos livres enquanto não tivermos consciência e conhecimento da verdade. Jesus veio para nos tornar livres, e sem Ele, o Autor da liberdade, jamais conseguiremos.

[...] conhecerão a verdade, e a verdade os libertará. (**João 8:32**)

# 34 NÃO HÁ TEMPO PARA O AFETO

Fiquei muito emocionada quando li pela primeira vez a história de Pool, e sempre me emociono quando a conto em minhas palestras. Percebo também o quanto ela toca o coração dos pais.

Pool era um menino de 5 anos que vivia muito só, pois seus pais nunca tinham tempo para lhe dar atenção. Eles saíam bem cedo para o trabalho e, quando chegavam, à noite, precisavam preparar as tarefas a serem realizadas no dia seguinte. Sempre que Pool chamava o pai ou a mãe, a resposta que ouvia era a mesma "Agora não posso, estou ocupado" ou "Espera um pouco, depois eu vou", mas esse depois nunca chegava.

Pool ficava com uma secretária que cuidava da casa e da alimentação dele, mas também não tinha tempo para brincar e lhe dar atenção.

Um dia ele percebeu um movimento diferente em sua casa. Seus pais haviam comprado um telefone. Naquela época era algo raro, e poucas pessoas tinham um na cidade onde ele morava. Depois de instalado, algo lhe chamou muito a atenção: sua mãe tirava o telefone do gancho, dava três batidinhas, dizia "Uma informação, por favor" e perguntava algo.

Ele a viu fazendo isto várias vezes e achou muito interessante. Um dia, enquanto brincava sozinho, com as ferramentas do pai, Pool, por acidente, martelou o dedo. A dor foi insuportável. A secretária estava cuidando de alguma coisa do lado de fora da casa e não ouviu seu chamado. Pool andava para um lado e para o outro sem saber o que fazer. Apesar da dor intensa, ele não conseguia chorar.

Depois de correr muito para um lado e para o outro, apertando o dedo e quase sem esperança de ser socorrido, ele se lembrou do telefone. Rapidamente pegou um banquinho, subiu, tirou o telefone do gancho e fez exatamente como tinha visto sua mãe fazer várias vezes. Deu três batidinhas e, com a voz um pouco sufocada, disse "Uma informação, por favor". A telefonista percebeu logo que havia algo errado e perguntou: "O que houve, filho, o que aconteceu com você?".

Pool então abriu a boca e colocou para fora todo o choro contido. A telefonista, com muito carinho, tentou acalmá-lo para que ele contasse o que estava acontecendo. Depois que Pool relatou o acidente, ela lhe pediu que ele fosse até a geladeira, pegasse uma pedrinha de gelo, enrolasse em um pano de prato, amarrasse no dedo e voltasse para o telefone. Pool fez exatamente com ela havia dito. Enquanto esperava a dor passar, ela conversou calmamente com ele por quase trinta minutos. Depois que estava tudo bem, eles se despediram e desligaram o telefone. Pool ficou muito feliz com a descoberta. Alguém havia lhe dado atenção, sem pressa, sem reclamar, sem dizer que tinha algo a fazer. Era uma experiência inédita para ele.

No dia seguinte, assim que Pool percebeu que a secretária de sua casa havia começado seu trabalho do lado de fora da casa, ele foi para o telefone pedir "Uma informação, por favor". E mais uma vez a telefonista o atendeu com muito carinho e atenção. Eles conversavam por um bom tempo. Pool descobriu que havia ganhado uma amiga, e todos os dias eles se falavam por telefone, por alguns minutos.

Na hora de fazer a lição de casa, as dúvidas apareciam, porém agora, Pool já não tinha mais problemas, ele recorria à telefonista e pedia "Uma informação, por favor, esta continha hoje está muito difícil", e ela o ajudava nas tarefas da escola, todas as tardes.

Um dia, seu passarinho morreu. Ele ficou profundamente triste e foi compartilhar sua dor com sua amiga telefonista. Ele disse que não entendia por que um passarinho que cantava tão bonito tinha que morrer. Ela o ensinou a colocá-lo em uma caixinha e enterrá-lo, e disse-lhe para não ficar triste, pois havia um lugar onde os passarinhos continuariam cantando.

Todas as tardes, no mesmo horário, eles tinham um encontro marcado. Quando Pool não tinha nada para perguntar, ele dizia: "Como se escreve mesmo exceção?" Então ela sabia que ele não tinha nenhuma dúvida, apenas queria conversar.

Quando Pool fez 9 anos, ele se mudou com seus pais para outra cidade, em outro estado, muito longe dali.

Não havia mais como comunicar-se com sua amiga da "informação, por favor". Mas Pool sabia que jamais a esqueceria. Ela havia sido muito importante em sua vida e sempre estaria presente em sua lembrança.

Quando estava com 21 anos, Pool foi prestar um concurso em outro estado e seu voo fez uma conexão em uma cidade perto de onde ele havia nascido. Ele precisou esperar uns trinta minutos no aeroporto até embarcar novamente, enquanto aguardava, então Pool foi para o telefone e ligou para o serviço de informações. Ele guardava nitidamente a lembrança da voz de sua amiga.

Assim que a telefonista o atendeu, ele ficou tão emocionado, que sentiu um nó se formar em sua garganta. A voz que ele estava ouvindo era mesma de sua infância. Por alguns segundos ele ficou em silêncio, enquanto a telefonista perguntava qual a informação que ele desejava. Quando conseguiu falar, Pool perguntou: "Como se escreve mesmo exceção?"

Neste momento foi ela quem não conseguiu dizer mais nada, e os dois choraram muito. Depois de controlar um pouco sua emoção, Pool disse a ela que nunca a havia esquecido e que sabia que um dia voltaria para lhe dizer o quanto ela foi importante em sua vida, o quanto significou para ele a atenção que ela lhe deu. Até ela surgir em sua vida, ele não imaginava que alguém pudesse parar por sua causa e não sabia que poderia ser importante para alguém a ponto de esta pessoa deixar o trabalho por ele, de colocá-lo em primeiro lugar. Pool lhe agradeceu e disse que ela havia contribuído muito para que ele se tornasse o homem que ele havia se tornado.

Depois de ouvir tudo, a telefonista disse ao Pool que ela é quem tinha muito a agradecer, pois seu maior desejo sempre foi ter um filho, mas não pôde realizá-lo. Ela sonhava em poder cuidar de uma criança e, quando ele apareceu em sua vida, ela pôde realizar, pelo menos em parte, este sonho.

Todas as tardes ela esperava ansiosa sua ligação. Por isso, é quem se sentia grata.

No mês seguinte, quando retornou, ele ligou novamente, como haviam combinado, para se conhecerem pessoalmente, mas isso não foi possível. Outra telefonista o atendeu e contou que sua amiga esteve doente e havia falecido há alguns dias. Ela havia lhe deixado um recado, para que ele não ficasse triste, pois havia um lugar onde as pessoas também continuariam cantando. Os dois nunca se viram, mas a atenção que dispensaram um ao outro, por alguns minutos a cada tarde, mudou suas vidas.

Esta foi uma das grandes lições que Jesus ensinou: relacionamento é prioridade.

O cuidado com o futuro tira o tempo de um convívio afetuoso. Corremos, investimos, trabalhamos cada dia mais para cuidar da segurança futura dos filhos, mas os deixamos inseguros no presente por falta de afeto. Daqui a alguns anos, eles não vão mais precisar de nós, vão poder e vão querer cuidar de si mesmos. O tempo que eles precisam de nós é agora. Temos dificuldade de dar atenção a eles hoje porque temos de preparar seu futuro, porém, quando este futuro chegar, talvez não conheçamos mais nossos filhos.

Às vezes, os pais descobrem (depois que todos já sabem), sobre as atividades de seus filhos, coisas que jamais poderiam supor que eles pudessem vir a fazer. Descobrem que não os conhecem verdadeiramente, pois não tiveram tempo para participar de sua vida.

Conheci várias famílias em que os pais só veem os filhos no fim de semana, quando não têm compromissos sociais, porque, ao saírem de casa, as crianças ainda estão dormindo, e quando chegam, elas já foram dormir. É verdade que muitos pais não têm opção de passar mais tempo com seus filhos, pois trabalham o dia todo para garantir o sustento da família. Mas, apesar do cansaço, é preciso buscar brechas para passar tempo de qualidade com as crianças, mesmo que apenas aos finais de semana. Do contrário, será que não é ilusão pensar que seus filhos serão seus amigos quando crescerem? Em um relacionamento desprovido de qualquer interesse em compartilhar momentos juntos, pais e filhos se tornam cada vez mais estranhos e distantes.

A felicidade está relacionada à nossa maneira de viver. Ela depende do equilíbrio que conquistamos entre os vários setores de nossa vida, como o trabalho, o convívio social, o lazer, o relacionamento familiar, o crescimento espiritual etc. É preciso que se dê o valor devido a cada um deles, afinal, do que adianta trabalharmos exaustivamente para a família e deixá-la carente de nosso carinho e atenção?

Alguns dizem que não é a quantidade de tempo que se passa com os filhos que é importante, mas a qualidade, a intensidade do relacionamento. Essa teoria só pode ter sido criada para aliviar o sentimento de culpa dos pais modernos. Eu não sei como cultivar um relacionamento intenso, de qualidade, sem tempo disponível para se dedicar a isso. Se passamos pelos nossos filhos sempre correndo, esse ritmo pode levá-los a sentir que estão em último lugar em nossa vida.

Quando nos referimos a um grande amigo, é sempre alguém que nos conhece bem, que sabe do que gostamos, das nossas preferências, que conhece nossos problemas e muito do que pensamos. Se quisermos a amizade de nossos filhos, precisamos cultivá-la da mesma forma: é importante conhecer seus colegas, saber das suas brincadeiras preferidas, interessar-se pelos filmes e jogos de que eles gostam, participar do mundo deles, saber de suas dificuldades e estar junto nos momentos difíceis. Ter tempo para conversar.

Não conseguiremos isso com cinco minutos por dia, sendo apenas visitas na vida de nossos filhos. Se nos momentos em que eles precisam nós nunca estamos por perto, não há como eles saberem que podem contar conosco.

É claro que as coisas estão corridas e o tempo é pouco diante de todos os compromissos e das dificuldades atuais. Evidentemente que, para se resolver todo o problema de maneira ideal, é preciso superar o subdesenvolvimento econômico e social. É preciso uma mudança em todo o sistema político, social e econômico do país, mas isso não tira nossa responsabilidade. Não significa que não podemos fazer nada, ao contrário, cada um pode, dentro de sua condição de vida, procurar fazer o melhor. É uma questão de consciência, de valores, de estabelecer prioridades e, como já falamos, de exercer a liberdade. Não devemos nos deixar contagiar pela loucura do mundo.

> Não imitem o comportamento e os costumes deste mundo, mas deixem que Deus os transforme por meio de uma mudança em seu modo de pensar, a fim de que experimentem a boa, agradável e perfeita vontade de Deus para vocês.
> **(Romanos 12:2)**

Observo nos relatos dos meus pacientes que tipo de lembranças eles guardam da infância em relação aos seus pais. Entre as boas recordações, estão sempre aquelas em que seu pai ou sua mãe demonstraram interesse, lhes deram atenção verdadeira, contavam histórias ou faziam algumas brincadeiras, fora dos cuidados diários obrigatórios e rotineiros. Quando demonstram preferência pelo pai ou pela mãe, o escolhido geralmente não é aquele que estava todo o tempo trabalhando, em casa ou fora, para lhe dar mais conforto, mas o que sempre achava um tempo para lhe dar carinho e atenção. Se quisermos fazer parte das boas lembranças dos nossos filhos, temos de pensar melhor no que oferecemos a eles.

No relato de uma jovem, ela dizia que não houve uma única vez em que ela tenha chegado em casa com algum problema que seu pai não percebesse. Bastava que ele olhasse para ela para saber que algo não estava bem. E quando isso acontecia, ele deixava o que estivesse fazendo para conversar com ela, para tentar ajudá-la. Essas coisas fazem a criança se sentir realmente importante para os pais.

A mãe de outra adolescente se queixou que sua filha nunca lhe conta nada sobre sua vida, que ela confia apenas nas amigas. Infelizmente, ela só se deu conta de que sua filha tinha algo a dizer depois que ela cresceu. Antes, ela cuidava apenas do que considerava essencial. A confiança e a amizade têm de ser cultivadas desde cedo, fica muito mais difícil começar a pensar nisso depois que os filhos crescem.

Não é fácil, principalmente para as mães — que, além de terem de trabalhar fora, ainda precisam dar conta da casa e da família —, conciliar tudo, com equilíbrio. Porém, existem coisas importantes que negligenciamos em função de outras por conta de nossa ansiedade. Muitas pessoas são obrigadas a trabalhar intensamente para ter apenas o essencial.

No entanto, há outras que utilizam o mesmo tempo de trabalho para ganhar muito além do que necessitam.

Hoje, os filhos não podem mais contar com as mães em casa, porque o sustento da família também depende dos ganhos delas. Isso é uma realidade, como também é real que muitas crianças, que ficam sozinhas o dia todo, sofrem abusos sexuais sem que os pais saibam.

Uma menina de 11 anos de idade começou a chamar a atenção de sua professora devido ao seu comportamento. Cada dia a criança parecia mais deprimida, mas não dizia nada sobre o que estava acontecendo. A mãe trabalhava fora o dia todo, mas ficava tranquila, pois morava bem próximo de alguns parentes e contava com a ajuda deles, no caso de a filha precisar.

Quando a mãe percebeu que a menina andava muito triste, pediu ajuda ao colégio. Depois de algum tempo, a professora, que também já estava preocupada, descobriu que a menina vinha sendo abusada sexualmente por um tio havia mais de dois anos.

Casos como esse acontecem todos os dias, infelizmente. As crianças são as maiores vítimas desse sistema desigual e injusto, assim como das mudanças de valores.

Muitas mulheres trabalham porque precisam, elas não têm muitas escolhas. Outras trabalham porque se realizam, o que é muito justo, todas e todos têm esse direito. Outras trabalham para não perder o espaço conquistado, para não serem vistas como donas de casa, como se isso fosse motivo de vergonha. Sem dúvida, a luta da mulher pela igualdade de direitos mudou a história, é muito louvável. Contudo, cuidar da família não é humilhação, não significa ser inferior.

# NÃO HÁ TEMPO PARA O AFETO

Na verdade, é uma tarefa muito nobre, cuja responsabilidade deveria ser conjunta de todos da casa.

O mundo está girando em torno de valores muito deturpados, e a vida carece do que é essencial. Se não tivermos consciência, passaremos nosso tempo ansiosos buscando futilidades e perdendo o que mais importa.

Jesus nos ensinou sobre isso quando chegou à casa de Marta, e sua irmã, Maria, deixou o serviço para se sentar a Seus pés e ouvi-lo. Marta reclamou, pois havia muito a fazer, e ela queria que sua irmã a ajudasse. Contudo, o Senhor lhe disse:

> [...] Marta, Marta, você se preocupa e se inquieta com todos esses detalhes. Apenas uma coisa é necessária. Quanto a Maria, ela fez a escolha certa, e ninguém tomará isso dela. (**Lucas 10:41-42**)

A justificativa que damos para nossa corrida vertiginosa, é que estamos pensando no futuro dos nossos filhos. No entanto, isso nem sempre é verdade. Alguns estão sempre em atividades porque não conseguem parar: o trabalho é tudo que dá sentido à sua vida e férias são o mesmo que castigo. Não conseguem relaxar nunca.

Nossos filhos não precisam encontrar tudo pronto no futuro, eles também lutarão pelos seus sonhos. O que podemos oferecer de melhor é a qualidade de vida hoje e, para isso, é preciso ter dinheiro, sem dúvida. Contudo, não se pode esquecer que nosso tempo, disponibilidade e atenção também são fundamentais. Se os filhos fossem consultados sobre o que querem de nós, certamente escolheriam ganhar menos do que ganham para ter mais de nossa companhia. O sustento não é tudo, precisamos ser a terra que mana leite e mel, pois o leite sustenta e o mel alegra.

Alguns pais reclamam que seus filhos se tornaram muito interesseiros, pois depois que cresceram, só se aproximam para pedir alguma coisa, nunca para conversar. Contudo, será que eles não aprenderam isso com os próprios pais, que também só chegavam para dar algum presente e nunca tinham tempo para uma conversa? Nós colhemos o que plantamos. Se os acostumamos a receber presentes porque não temos tempo de dar carinho, eles exigirão cada vez mais, à medida que a carência aumentar. Vão cobrar em coisas materiais o que não recebem em amor.

É preciso estabelecer prioridades em nossa vida e encontrar o equilíbrio, dar o valor devido a cada coisa e saber abdicar, quando necessário, em função do que mais importa.

Há pouco tempo, uma mulher que conheço passou pela dor mais profunda que uma mãe pode sentir. Ela recebeu seu filho de volta, depois de ele passar vários meses numa penitenciária. Só que isso não foi motivo de alegria — ele lhe foi entregue morto.

Se pensarmos na dor dos pais que têm um filho preso ou viciado em drogas e no que eles estão dispostos a fazer para ver seus filhos livres desses problemas, nós saberemos a medida do que estamos dispostos a renunciar para participar mais da vida dos nossos filhos.

Amar também é poder renunciar. Jesus renunciou à própria vida por amor a nós. O mundo moderno tem exigido de nós um compromisso cada dia maior e tem nos privado de um tempo precioso, tornando-nos inconscientes de responsabilidades que, se deixarmos de cumprir, poderão trazer prejuízos irreparáveis.

Os pais não são responsáveis por tudo de errado que acontece na vida de seus filhos, pois ninguém é apenas fruto do meio em que vive. Na verdade, cada um traz em si uma história particular, uma maneira própria de reagir às experiências. Contudo, não podemos abrir mão de nossa parte, de nossa responsabilidade, do que cabe a nós fazer.

O problema do álcool e das drogas preocupa e mobiliza muitas pessoas, e várias associações elaboram projetos, na tentativa de implantar programas de prevenção e de ajuda aos dependentes. Tudo isso é muito importante, mas não podemos nos esquecer de que é preciso investir na família.

Uma criança com uma base sólida, criada com amor, segurança e apoio, não será tão facilmente envolvida por tantos males. Não estará tão vulnerável neste mundo conturbado.

# 35 JESUS PODE SALVAR SEU FILHO

Muitas mães e muitos pais estão sofrendo por verem seus filhos numa situação que parece não ter saída. Muitos já perderam as esperanças e choram, como se eles já estivessem mortos. Lutaram com todas as forças, fizeram tudo que estava ao seu alcance até esgotarem seus recursos.

Contudo, não podemos esquecer de que, para Deus, não existe o fim da linha, não há limites, impossibilidades ou casos perdidos. Para os que creem Nele, a esperança não é a última que morre, a esperança é imortal. "Ele move montanhas sem dar aviso [...]" (Jó 9:5).

Mesmo que se esgotem as possibilidades humanas, temos o Deus do impossível. Há lutas que somente Ele pode vencer por nós. Por isso, o melhor que temos de fazer em certas situações é orar e crer. Com fé e oração, nós movemos as mãos de Deus e o impossível acontece. Pela fé, o povo de Israel foi liberto da escravidão, o Mar Vermelho se abriu, Sara concebeu um filho em plena velhice, o muro de Jericó foi ao chão, cegos voltaram a ver, doentes foram curados e mortos ressuscitaram. "[...] Tudo é possível para aquele que crê" (Marcos 9:23).

Jairo, um chefe da sinagoga, foi até Jesus e disse: "Minha filhinha está morrendo. Por favor, venha e ponha as mãos sobre ela; cure-a para que ela viva!" (Marcos 5:23). Ele não desistiu da filha nem mesmo depois de morta. Sua fé não o deixou desistir.

Não abra mão de seu filho, não importa qual seja a situação em que ele se encontre. É possível que alguém diga que casos como esses só aconteciam na época em que Jesus estava no mundo. Os mais descrentes nem nisso creem, acham que, se a ciência não pode fazer nada, é porque não há mais nada a ser feito.

Há cinco anos, mais ou menos, fui ver um casal de amigos, em seu escritório de trabalho, no Rio. Havia na sala de espera um rapaz, que deveria ter em torno de 20 anos de idade, esperando para uma entrevista de emprego. Conversamos enquanto esperávamos meus amigos terminarem uma reunião. Ele era forte, alto, de boa aparência e se expressava muito bem, estava confiante de ser aprovado na entrevista. Disse que não tinha nenhum motivo para estar inseguro e me contou de onde vinha tanta confiança.

Seis meses antes ele estava internado num hospital esperando a morte que, segundo os médicos, viria num prazo máximo de uma semana. Ele estava com HIV e sua mãe não tinha mais nenhuma esperança em relação à sua vida. Naquela semana, ele recebeu a visita de uma pessoa que lhe falou de fé, de esperança e de Jesus Cristo. E foi a vida, e não a morte, que chegou naqueles dias.

Ele aceitou, com toda a fé e força que ainda lhe restavam, o amor que Jesus estava lhe oferecendo. Para o espanto dos que cuidavam dele e para a honra e a glória do nome de Jesus, em poucos dias ele estava em sua casa. Aquela figura esquelética, enfraquecida, sem nenhum pelo mais no corpo e que apenas esperava a morte chegar, agora era aquele belo rapaz, forte, saudável e confiante, cheio de vida e muita esperança. Como prova de que não houve engano no diagnóstico, o HIV estava indetectável. Nada estará perdido enquanto os braços de Jesus estiverem abertos para nós.

Se por acaso você pensa que seu filho já se foi, lembre-se do que disse Habacuque, depois de muita lamentação:

> Ainda que a figueira não floresça e não haja fruto nas videiras, ainda que a colheita de azeitonas não dê em nada e os campos fiquem vazios e improdutivos, ainda que os rebanhos morram nos campos e os currais fiquem vazios, mesmo assim me alegrarei no Senhor; exultarei no Deus de minha salvação! O Senhor Soberano é minha força! Ele torna meus pés firmes como os da corça, para que eu possa andar em lugares altos. (**HABACUQUE 3:17-19**)

# 36 ORE PELO SEU FILHO

O homem é um ser físico, emocional e espiritual. Para estarmos bem, nenhum desses aspectos, que na verdade estão integrados, podem ser negligenciados. Assim como nos preocupamos com a saúde física dos nossos filhos e seu equilíbrio emocional, não podemos nos esquecer do espiritual.

A Bíblia nos fala das maldições hereditárias e das guerras espirituais. O entendimento dessas coisas nos trará a consciência de que, além de nosso carinho, orientação e proteção, nossos filhos precisam de nossas orações. As crianças também sofrem pressões espirituais, elas também são alvos do inimigo.

Hoje em dia, precisamos orar mais do que nunca, pois vivemos num mundo que não nos oferece nenhuma segurança. O perigo está em toda parte. Os crimes e as drogas não estão apenas nos lugares perigosos e nas madrugadas, eles já têm acesso livre em muitas escolas. A preocupação dos pais atualmente não é mais apenas com a gravidez prematura, mas com doenças como a Aids, que está matando cada dia mais, de maneira assustadora.

Muitas pessoas têm medo de tomar consciência de tudo isso, porque realmente é assustador, e acabam deixando as rédeas soltas. No entanto, não se pode fechar os olhos por medo, como também não temos de nos desesperar.

> Confie no Senhor e faça o bem, e você viverá seguro na terra e prosperará. Busque no Senhor a sua alegria, e ele lhe dará os desejos de seu coração. Entregue seu caminho ao Senhor; confie nele, e ele o ajudará. (**Salmos 37:3-5**)

Tudo tem solução, não importa em que pé as coisas estejam, contudo, o melhor que podemos fazer é uma ação preventiva, é ensinarmos aos nossos filhos, desde cedo, o caminho da verdade.

> Ensine seus filhos no caminho certo, e, mesmo quando envelhecerem, não se desviarão dele. (**Provérbios 22:6**)

As crianças, desde pequenas, têm seus heróis favoritos, os quais vêm sendo trocados de tempos em tempos. Houve a época do Super-Homem, Wolwerine, Batman e muitos outros.

As crianças se sentem atraídas pelo poder dos super-heróis (ou dos vilões). Elas se imaginam possuindo a força e as habilidades deles, e algumas levam isso muito a sério. Um menino, certa vez, subiu na laje de sua casa, abriu um guarda-chuva e pulou, imitando o Pinguim, do Batman. A mãe de outro o tirou várias vezes da janela com uma toalha no ombro. Ele dizia que era o Super-Homem e que podia voar.

Isso é natural nas crianças e não podemos simplesmente impedi-las de ter suas preferências em relação a esses "heróis". O que não podemos esquecer é de apresentar a elas o Verdadeiro Herói, o único que realmente tem poder, Aquele que desceu dos céus, viveu como homem, morreu e ressuscitou para ser o herói de nossa vida: Jesus Cristo.

Muitas crianças ainda não conhecem o Homem que andou sobre as águas, dominou tempestades, fez calar os ventos, ordenou que os paralíticos andassem, que os cegos enxergassem e que mortos levantassem. Ele multiplicou os pães, os peixes e a nossa esperança.

As crianças assistem, maravilhadas, aos filmes que mostram aqueles que, bravamente, venceram guerras, libertaram reféns, mesmo que para isso morressem centenas de pessoas. Mas não conhecem Aquele que venceu o inferno, libertou-nos do pecado e garantiu-nos a vida eterna, sem ter ferido uma vida sequer.

Além disso, todos esses heróis dos filmes são figuras de ficção, mas Jesus é real, é o herói verdadeiro e não detém Seu poder somente para si. Ele nos ensinou que podemos realizar o mesmo ou até mais do que Ele fez. Jesus não se apresentou para nós para que o admirássemos e depois partiu, Ele subiu aos céus, deixou-nos o Espírito Santo e disse:

> Vocês receberão poder quando o Espírito Santo descer sobre vocês [...]. (**Atos 1:8**)

> Eu lhes digo a verdade: quem crê em mim fará as mesmas obras que eu tenho realizado, e até maiores, pois eu vou para o Pai. Vocês podem pedir qualquer coisa em

meu nome, e eu o farei, para que o Filho glorifique o Pai. Sim, peçam qualquer coisa em meu nome, e eu o farei! **(João 14:12-14)**

Se Jesus for o herói do seu filho, pode ter certeza de que o caminho dele será muito mais seguro.

Se o Senhor não constrói a casa, o trabalho dos construtores é vão. Se o Senhor não protege a cidade, de nada adianta guardá-la com sentinelas. **(Salmos 127:1)**

# 37 O AMOR É UMA NECESSIDADE BÁSICA PARA A VIDA

Ser pai e mãe é uma tarefa nobre, importante e difícil. Nosso papel não é somente sustentar, alimentar, vestir e educar, mas acompanhar lado a lado, favorecendo para que o filho encontre o verdadeiro caminho. Isso não é simples, é preciso um ingrediente divino chamado amor. Pode parecer fácil, pois temos certeza de que amamos nossos filhos, porém, agir em amor não é tão simples assim.

O amor é algo tão essencial que, há algum tempo, um número muito grande de crianças de 0 a 2 anos morreu num hospital, sem nenhuma causa aparente. Elas recebiam todos os cuidados médicos necessários, nada lhes faltava, exceto o afeto. A causa da morte foi falta de amor. Sem afeto e contato físico, elas desistiram da vida.

As pessoas desistem da vida quando não são amadas. Nem sempre da forma como aconteceu com essas crianças. Muitos se entregam à morte aos poucos, por intermédio da bebida, das drogas, da marginalidade, colocando-se em situações de risco. É um suicídio lento.

Uma criança aprende a amar a si mesma quando é amada. Aprende a cuidar de si mesma quando é cuidada e acolhida com carinho e alegria, quando sente que o que recebe dos pais é por satisfação, não por obrigação. Se isso não acontece, é como se ela fosse incapaz de despertar e merecer esse amor.

Algumas pessoas vivem como se pedissem desculpas a todos por existir, porque sempre se sentiram um peso, um incômodo na vida dos pais, como se tivessem vindo ao mundo apenas para atrapalhar a vida deles. Sem perceber, é exatamente isso que muitos pais transmitem aos filhos.

Algumas pessoas dizem, até mesmo perto deles: "Eu adoro meus filhos quando estão dormindo." Pode parecer uma simples brincadeira, mas não é tão inocente quanto parece.

Quem não se sente amado, não sabe amar a si mesmo nem aos outros, tampouco acredita no amor de Deus. É mais difícil acreditar no amor de Deus (que não se vê), quando não se sentiu amado por aqueles que estavam presentes e por quem esperavam ser amados.

Ouvimos que amor demais prejudica tanto quanto de menos, entretanto, o amor de verdade não é mais nem menos, ele é pleno, perfeito, completo. É como Deus, não tem limites, não tem tamanho, não pode ser maior nem menor. Ele simplesmente é.

Certamente, há muitas responsabilidades na vida que precisam ser levadas muito a sério. Só que não devem ser muito maiores do que cuidar verdadeiramente daqueles que Deus nos confiou, ajudando-os a encontrar seu caminho, com confiança em si mesmos, na vida e no Senhor, para que possam buscar o melhor para si e para os outros. Para alegrar o coração de Deus, sendo "sal da terra" e "luz do mundo", seu filho precisa saber que você o ama, mas não espere que ele adivinhe, diga isso para ele. Há palavras que destroem e ferem, porém, existem aquelas que refrigeram e alimentam a alma. Acostume seu filho a ouvir "Eu amo você". Algumas pessoas não conseguem dizer isso, pois não foram acostumadas a ouvir e, se você for uma delas, faça um esforço, supere as dificuldades, rompa suas barreiras e comece agora. Declare isso. Você vai gostar de falar, e seu filho, com certeza, vai gostar de ouvir.

> Se eu falasse as línguas dos homens e dos anjos, mas não tivesse amor, seria como um sino que ressoa ou um címbalo que retine. Se eu tivesse o dom de profecias, se entendesse todos os mistérios de Deus e tivesse todo o conhecimento, e se tivesse uma fé que me permitisse mover montanhas, mas não tivesse amor, eu nada seria. Se desse tudo que tenho aos pobres e até entregasse meu corpo para ser queimado, e não tivesse amor, de nada me adiantaria.
> (**1 Coríntios 13:1–3**)

# REFERÊNCIAS BIBLIOGRÁFICAS

AGUIAR, Marcelo. *Cura pela palavra*. Belo Horizonte: Betânia, 1998.
BÍBLIA SAGRADA. Nova Versão Transformadora. São Paulo: Mundo Cristão, 2016.
BÍBLIA SAGRADA. Versão Revisada da Tradução de João Ferreira de Almeida. Barueri: Sociedade Bíblica do Brasil, 1991.
GOTTMAN, John; DE CLAIRE, Joan. *Inteligência emocional e a arte de educar nossos filhos*. Rio de Janeiro: Objetiva, 1997.
LINHARES, Jorge. *Bênção e maldição*. Belo Horizonte: Betânia, 1992.
SAMALIN, Nancy e JABLOW, Martha M. *Amar seu filho não basta*. São Paulo: Saraiva, 1994.
TOURNIER, Paul. *Culpa e graça*. São Paulo: ABU, 1995.
WATZLAWICK, Paul. *A realidade inventada*. Campinas, São Paulo: Psy, 1994.

# AGRADECIMENTOS

Agradeço a Deus, acima de tudo, pela orientação e direção. Agradeço por Ele renovar minhas forças e não ter me deixado desanimar. Por ter me ajudado a romper as barreiras e ultrapassar os obstáculos. Quem não reconhece a soberania de Deus diz que só tem a agradecer a si mesmo por suas vitórias e conquistas. É claro que as coisas não caem do céu, temos de ir à luta pelo que queremos, mas sem Ele não podemos nada. O ar que respiramos, o chão que pisamos, a força que nos impulsiona; é a Ele que devemos.

Agradeço também aos meus pais pelo apoio que sempre me deram. Aos meus filhos, pelas lições de vida, carinho e compreensão. Aos meus irmãos, pelo companheirismo. Aos meus pacientes, pela confiança e por tudo que me têm ensinado. Ao pastor Arlênio Machado, à missionária Regina Soto e à professora Alice Verdan, pela revisão deste livro. À Sueli e ao Edu Lima, pela ajuda no trabalho de digitação.

Este livro foi impresso pela Exklusiva em 2023, para a Thomas Nelson Brasil. O papel do miolo é pólen bold 90g/m², e o da capa é cartão 250g/m².